Paul Waldersee

Sammlung musikalischer Vorträge

Der Volksunterricht

Paul Waldersee

Sammlung musikalischer Vorträge
Der Volksunterricht

ISBN/EAN: 9783744667661

Hergestellt in Europa, USA, Kanada, Australien, Japan

Cover: Foto ©Thomas Meinert / pixelio.de

Weitere Bücher finden Sie auf **www.hansebooks.com**

Die musikalische Lage
und
der Volksunterricht
in
Frankreich.

Von
Johannes Weber.

Deutsch von L. Ramann.

I. Die Musik in den unteren Schulen. — II. Die Volksvereine: Liedertafeln (Orphéons), Harmoniemusik- und Blechmusik-Chöre (Fanfares). — III. Die Conservatorien. — IV. Die Concerte. — V. Das Theater. — VI. Die Militärmusik. — VII. Schluß.

61 u. 62.

Die musikalische Lage und der Volksunterricht in Frankreich.

Von

Johannes Weber.

I.
Die Musik in den unteren Schulen.

n einem Bericht vom Jahre 1835 sagte Boulay de la Meurthe über die Einführung des Gesanges in den Kommunalschulen zu Paris: „Die Musik als Erziehungsmittel fehlte in Frankreich. Wenn in den Elementarschulen gelehrt, wird sie sich unter seinem schönen Himmel acclimatisiren, wird sie sein geistiges und moralisches Erbtheil mit um so größerer Schnelligkeit vermehren, je mehr sie sich dem glücklichen Charakter der Nation verbindet. Schon ist dieser moralische Einfluß, den sie ausübt, für uns kein Problem mehr: Bürge dafür sind die erzielten Resultate einiger Schulen, in welchen bis jetzt Gesangunterricht gegeben wurde." Etwas weiter fügt der Berichterstatter hinzu: „In Frankreich — der Wahrheit gemäß muß es gesagt werden — giebt es weder musikalisches Gehör noch Reinheit der Stimme. Diese Mißstände sind dem Mangel eines Gesangunterrichtes in den Elementarschulen zuzuschreiben."

Vor drei Jahren sagte Prinz Leopold, Herzog von Albany, in einer zu Manchester gehaltenen und sich auf die bevorstehende Gründung des königlichen Musik-Colleges in London beziehenden Rede: „Die außerordentliche Entwickelung, welche die Musik in dem Zeitraum von hundert Jahren in Deutschland nahm, ist vor allem einestheils dem musikalischen Elementarunterricht, der 1745 eingeführt wurde, anderentheils aber den großen Schulen oder Konservatorien zu danken, welche eine nach der anderen in den Hauptstädten ins Leben traten. Die Schüler lernen die Elemente der Musik ganz naturgemäß zu gleicher Zeit und in gleicher Weise, wie sie die Elemente anderer Kenntnisse erlernen: in Folge dessen haben sie keine Schwierigkeiten, ihre Talente in den Specialschulen zu entwickeln. So hat sich stufenweise eine Nation gebildet, bei welcher die Liebe zur Musik nicht einer einzelnen Gesellschaftsklasse angehört, sondern eine aus sich wirkende Kraft ausmacht, die ohne Unterschied alle Klassen durchdringt und belebt."

Freude an der Musik zu haben und sie wie saftige, aus fremden Ländern importirte Früchte zu genießen, sagt noch nicht Alles: eine Nation ist erst dann musikalisch, wenn der Sinn für Musik in den Massen lebt und die Kunst weder von den unteren Klassen, noch von der aristokratischen Gesellschaft vernachlässigt wird. Dahin jedoch können wir nur dann gelangen, wenn wir den obligatorischen Musikunterricht in den Elementarschulen einführen. Die Unbestimmtheit des Gesetzes über den Unterricht beweist, wie wenig wir bezüglich dieses Punktes vorwärts gekommen sind.

Das Gesetz vom 28. Juni 1833 setzte den Gesang unter die Zahl der obligatorischen Lehrgegenstände des höheren Elementarunterrichtes, im gleichen Range mit Geschichte und Geographie. Der Beschluß vom 28. Juni 1836 verlangte nicht von dem Elementarzeugniß der Lehrer, aber von dem der Lehrerinnen Kenntnisse im Gesang. Das Zeugniß höherer Befähigung der Lehrer forderte „theoretische und praktische Kenntnisse in der Musik und in dem Kirchengesang", dem plain-chant. Ein Zeitraum von drei Jahren wurde bis zur Einführung dieses Theils des obligatorischen Examens festgesetzt.

Zwei Jahre später, am 15. Mai 1838, gestattete ein Beschluß des öffentlichen Unterrichtsrathes „den Kandidaten, welche der Stimme ermangelten, diese mittels Instrumentalmusik ersetzen zu dürfen, unbeschadet des theoretischen Examens über diesen Gegenstand".

Der Gesetzentwurf vom 31. Mai 1847 wollte den Gesangunterricht ebensowohl in den unteren, als in den oberen Elementarschulen obligatorisch machen; aber die Februarrevolution verhinderte die Ausführung.

Mit dem Gesetz vom 15. März 1850 machen wir eine Bewegung nach rückwärts. Der Gesang ist mit der Gymnastik auf die unterste Rangstufe der Kenntnisse gesetzt, welche auch fernerhin im Elementarunterricht, der in obligatorische und fakultative Gegenstände eingetheilt ist, „mit inbegriffen sein können". Der Gesang ist bei den Prüfungen für das Elementarlehrerzeugnis ausgeschlossen und es wird ihm selbst für das höhere Lehrerzeugnis wenig Aufmerksamkeit geschenkt.

Fünfzehn Jahre später macht ein Beschluß vom 30. Januar 1865 den Gesangunterricht für alle Normalschulen obligatorisch und bestimmt für denselben wöchentlich fünf Stunden, welche den Kirchengesang, le plain-chant, für die Katholiken und Kirchenlieder, le chant religieux, für die anderen Konfessionen mit umfassen. Nach Verlauf von zwei Jahren jedoch entfernen wir uns abermals vom Ziele: das Gesetz vom 10. April 1867 fügt den obligatorischen Fächern des ersten Unterrichtes die Elemente der Geschichte und Geographie Frankreichs bei, ohne den Gesangunterricht mit einem Wort zu erwähnen.

Im Jahre 1881 nahm Jules Ferry, Minister des öffentlichen Unterrichtes, den Plan, den musikalischen Unterricht in den Elementarschulen einzuführen, wieder auf. Er wandte sich an verschiedene Personen, um ihren Rath einzuholen; eine Sammlung von acht Berichten wurde veröffentlicht; einige derselben behandelten den Gegenstand mit Kompetenz und im Einzelnen. Folgende Zeilen entnehme ich ihnen: „In den Ländern, in welchen musikalische Bildung von allen Lehrern gefordert wird, in welchen sie obligatorisch in ihre normale Bildung und in die Examina der untersten Grade eingeführt ist, bildet der Gesang thatsächlich einen integrirenden Bestandtheil des Elementarunterrichtes. So ist es in Deutschland, in Österreich-Ungarn, in der Schweiz, in Dänemark, in Schweden, in Norwegen, in den städtischen Schulen Rußlands, in den Vereinigten Staaten. Das Resultat ist, daß die ganze Bevölkerung musikalisch wird und eine wirklich künstlerische chorische Ausführung, die bei uns selten ist, eine gewöhnliche Sache ist,

und zwar nicht nur in den Städten, sondern auch auf dem Lande.
...... Die Vereinigten Staaten geben uns hiefür das frappanteste Beispiel, weil von einem Volke kommend, das die Reformen, die wir noch zu vollziehen haben, kürzlich durchgeführt hat. In den Schulen Amerikas wird der Gesang den Kindern von ihrem sechsten Lebensjahre an gelehrt, lange bevor von Solfeggien die Rede ist. Die Kinder lernen kleine, in sehr kurze Strophen getheilte Stücke auswendig, deren Worte sich leicht in das Gedächtnis einprägen. Die ärmsten Schulen, beispielsweise die der elendsten Stadtviertel New-Yorks, wo es von kleinen barfüßigen Irländern wimmelt, stehen in dieser Hinsicht auf gleicher Stufe mit denen der reichen Stadtviertel. Die mehrstimmige Ausführung fängt erst in den höheren Klassen an, wenn die Kinder aus den Solfeggien-Übungen bereits Nutzen gezogen haben". . . . . .

„Der auf die Kinder hervorgebrachte Eindruck ist tief und heilsam. Die neu hinzugekommenen Schüler scheinen entzückt, und die fremden Besucher bezeugen einstimmig ihr Interesse an diesem Schauspiel. Sowohl der musikalische Unterricht für die größten, als auch der Unterricht im Elementargesang für die kleinsten Schüler wird von den Lehrern selbst gegeben. Von hundert Kindern, die jung genug angefangen haben, bleiben kaum zwei bis drei der musikalischen Bildung unzugänglich. Die im Jahre 1876 von dem französischen Ministerium des öffentlichen Unterrichtes nach Philadelphia zur Ausstellung gesandte Kommission hat konstatirt, daß überall, wo der musikalische Unterricht entwickelt und blühend ist, auch die anderen Unterrichtszweige auffallend höher stehen."

Die guten Absichten Jules Ferry's sind, obwohl sie nicht alle gewünschten Resultate erreichten, darum doch nicht unfruchtbar geblieben. Ehe wir aber davon sprechen, was zu thun bleibt, werfen wir einen Blick auf das, was bis jetzt erreicht worden ist.

Vor 1789 existirte in Frankreich nirgends Volksunterricht; nach der Revolution fing man an Lese- und Schreibunterricht zu organisiren. Im Jahr 1814 machte Jomard eine Reise nach England, von wo er die Methode des gegenseitigen Unterrichtes von der Schule zu Lancaster, die wechselseitige Unterrichtsform, die Mutualmethode mitbrachte, die französischen Ursprungs ist; denn der

Chevalier Paulet hatte sie 1791 in Vincennes und in der Kaserne Popincourt ausgeübt; Monge adoptirte hierauf dieses Princip, als er die Arbeiten der ersten polytechnischen Schule einrichtete. Jomard wurde beauftragt, in der Rue Saint-Jean de Beauvais eine Musterschule zu gründen; als sie in Thätigkeit war, führte er Wilhem hin, der von dem Anblick der dreihundert Schüler, die sich gegenseitig unterrichteten, von Tafeln studirten, alles auf ein gegebenes Zeichen thaten und dabei stets die vollendetste Ordnung wahrten, im hohen Grade überrascht war. Von diesem Augenblicke an gab sich Wilhem nur einer Beschäftigung hin: er wollte die Musik in den Gesichtskreis aller Kinder ziehen und sie ihnen lehren, wie man sie Lesen und Schreiben lehrt. Er eröffnete nacheinander verschiedene Kurse, und in Folge der von ihm erzielten glücklichen Resultate beschloß die »Société pour l'instruction primaire élémentaire« im Jahr 1819 sich mit dem Musikunterricht zu beschäftigen; Béranger schlug vor, Wilhem zu beauftragen, in der Schule der Rue Saint-Jean de Beauvais einen Versuch zu machen. Der Versuch gelang und Wilhem wurde zum Gesanglehrer an der polytechnischen Schule ernannt. In Folge eines Berichtes, welcher die verschiedenen musikalischen Unterrichtsmethoden darlegte, gab im Jahr 1820 die genannte Société der Methode Wilhem's den Vorzug. Dieser aber erhielt den Titel Professor der Schulen zu Paris. Im Jahr 1830 wurde Singunterricht in neun Kommunalschulen ertheilt, und man schlug vor, ihn in noch weiteren zehn Schulen einzuführen. Wilhem arbeitete nun darauf hin, diese Singklassen mit dem »Orphéon« — der Liedertafel — zu verbinden; 1829 vereinigte er zum ersten Male seine Schüler der verschiedenen Schulen, um sie mehrstimmige Stücke singen zu lassen; aber erst 1833 fing er die monatlichen Reunionen des Orphéon an. Ende 1835 stimmte das Central-Komité für ein Reglement zur Aufrechterhaltung dieser Zusammenkünfte.

Im Jahre 1834 verordnete der Minister des öffentlichen Unterrichtes, daß zweihundert Elementarschulen Frankreichs mit den Tafeln der Wilhem-Methode ausgestattet würden. Im nächsten Jahr, 1835, entschied der Municipalrath von Paris, daß der Gesang in dreißig neuen Schulen gelehrt werden solle, und ernannte Wilhem zum Direktor und General-Inspektor des Unterrichtes. Im Jahre 1839 wurde Wilhem durch den Minister des öffentlichen Unterrichtes zur Inspektion des Universitätsgesanges berufen; seine Methode wurde von der Universität officiell angenommen; etwas später wurde sie in den Schulen der „Brüder" zu Paris und in einem Theil der Schulen der „Schwestern" eingeführt. Wilhem starb 1842 an einer Brustentzündung; sein Nachfolger war sein Hauptgehilfe und Schüler, Joseph Hubert.

Wilhem hatte 1836 Lehrkurse für Erwachsene eröffnet, um Tenore und Bässe zu bilden. Von einem vollständigen Erfolg begleitet, fuhren diese Kurse fort — die Zahl ihrer Schüler steigerte sich 1839 bis zu 570 — neben dem Unterricht in den Schulen zu funktioniren; beide Institute aber wirkten bei den allgemeinen Reunionen des Orphéon mit.

Neben dem Civil-Orphéon gab es in Paris auch ein Militär-Orphéon, ebenfalls nach der Wilhem-Methode, welche 1839 dem Kriegsminister auf seine Anfrage von Carafa als die beste bezeichnet und hierauf eingeführt worden war. Kurze Zeit darauf wurde diese Methode bei den Regimentern zu Paris in Anwendung gebracht. Hubert setzte das Werk seines Lehrers fort; er unterwies die Musikmeister, die dann ihrerseits die Soldaten unterwiesen. Im Jahr 1843, nach fünfmonatlichem Unterricht, wurden 385 Soldaten der Pariser Garnison vor die höhere Autorität gerufen; das Resultat war ein höchst befriedigendes und der Kriegsminister sandte Hubert ein Gratulations- und Danksagungsschreiben.

Das Werk war somit im guten Gange und es scheint, als hätte es sich über ganz Frankreich verbreiten und ausdehnen müssen; dem war jedoch nicht so. Man ging 1852 daran, es umzugestalten: man ließ Hubert nur den Titel eines Inspektors und übergab die Generalleitung des Unterrichts und des Orphéon Gounod. Halévy aber beauftragte man, eine neue Unterrichtsmethode aufzustellen. Doch „Die Jüdin" und einige dreißig andere Opern geschrieben zu haben, genügt nicht, um eine Methode des Elementarunterrichtes zu schaffen. Als 1863 Gounod seine Entlassung einreichte, theilte man das Orphéon in zwei Vereine: das linke Ufer wurde Bazin und das rechte Ufer Pasdeloup übergeben. Nach Verlauf einiger Jahre kam man zu der Ansicht, daß zwei Direktoren unnütz wären; definitiv dankte man dann nur denjenigen der Beiden ab, der sich am ernstlichsten mit dem Orphéon beschäftigt hatte. Bazin blieb als einziger Direktor bis zu seinem Tode, der 1878 eintrat.

Als man die Methode Wilhem's aufgab, verzichtete man zugleich auf die gegenseitige Unterweisung, um den gleichzeitigen Unterricht an deren Stelle zu setzen, ja man verzichtete selbst darauf, eine Methode aufzustellen, indem man annahm, daß der Werth des Unterrichtes vor allem von dem Werth des Professors abhänge. Die heutzutage angenommene Organisation ist folgendermaßen eingerichtet:

An der Spitze des Unterrichtes steht ein „General-Inspektor", unter welchem sich zwei Inspektoren befinden. Im letzten Jahre belief sich die Anzahl der Elementarschulen in Paris auf mehr als vierhundert, und diese Anzahl ist in steter Zunahme begriffen. Jede Schule ist in fünf Klassen eingetheilt: die erste ist die Oberklasse, die zweite die Mittelklasse und die drei andern sind Unterklassen. In den Sälen des Asyls lehrt man den Kindern Gesänge, um ihr musikalisches Gehör zu bilden; kommen sie in die Schule, dann lernen sie in den unteren Klassen die Notenschrift kennen und beginnen den Takt zu schlagen; jeder der drei Klassen wird eine Lektion von zwanzig Minuten ertheilt, was im Ganzen eine Stunde ausmacht. Dieser Unterricht wird von dem Schullehrer gegeben, der sich hierzu einem Ergänzungsexamen zu unterziehen hat. Ein Fachlehrer giebt der Mittelklasse wöchentlich eine einstündige Lektion, der Oberklasse zwei. Das ist nicht viel. Die Abendkurse umfassen wöchentlich zwei Lektionen, jede von anderthalbstündiger Dauer für die Erwachsenen.

Das Municipal-Orphéon ist aufgehoben, aber zwischen den verschiedenen Schulen finden Konkurse statt. Vor nun zwei Jahren fing man an, den Vortrags-Konkursen auch Diktir-Konkurse beizufügen. Noch vor fünf Jahren ließ man die Schüler die Musikalien, welche sie singen sollten, zahlen; der Preis war ein geringer. Jetzt werden ihnen dieselben gratis geliefert.

Die zu den Konkursen gewählten Schüler werden in den höheren Elementarschulen, wie die Schulen Turgot, Arago, J. B. Say, Lavoisier, Colbert aufgenommen. Während des ersten Jahres ist der Musikunterricht obligatorisch; gewöhnlich sind zwei Lektionen in der Woche; in den folgenden Jahren aber hängt diese Einrichtung von dem Direktor der Schule ab.

Die soeben dargelegte Organisation betrifft nur die Pariser Schulen. Will man nun wissen, was sich selbst an den Thoren der

Stadt zuträgt? Das Departement der Seine umfaßt das in zwanzig Bezirke eingetheilte Paris und dessen Weichbild, welches zwei Bezirke bildet: den von Sceaux und den von Saint-Denis. Eine Kommission beschäftigt sich seit einigen Jahren damit, den Gesangunterricht in den Elementarschulen dieser Bezirke zu organisiren. Einen Brief, den ich im vorigen Sommer mit der Einladung erhielt, einem General-Konkurs beizuwohnen, theile ich hier mit; der Autor desselben ist ein distinguirter Komponist und eines der thätigsten Mitglieder der Kommission. Der Brief lautet:

„Sie haben die Güte gehabt, sich mehrfach mit den Studien zu beschäftigen, denen wir uns hingegeben haben, um zu versuchen, den Geschmack an Musik in den Volksmassen zu verbreiten. Das beste Mittel wäre, den Unterricht bereits in den Elementarklassen, von der ersten Kindheit an, zu beginnen. Wir hatten gehofft, diesen Unterricht in dem Programm der obligatorischen Studien aufgeführt zu sehen. Wir sind in unserer Erwartung getäuscht worden."

„Es giebt sehr wenige Lehrer und Lehrerinnen, die auch nur die geringsten musikalischen Begriffe besitzen. Die Professoren, welche von Paris kommen, sind theuer und geizen natürlicherweise mit ihrer Zeit."

„Es wird uns sehr wenig Ermuthigung zu Theil und wir haben nur unbedeutende Mittel. Nur kraft unseres Forderns und unserer Ausdauer ist zu Resultaten zu gelangen. Das betreiben wir mit großer Energie."

„Durch einen General-Konkurs zwischen elf Knabenschulen, welche in den kantonalen Konkursen preisgekrönt waren, wollen wir die Resultate beurtheilen, welche wir bereits erlangt haben. Wir haben auch kantonale Konkurse für junge Mädchen; aber aus Mangel an Geld und einem geeigneten Lokale sind wir noch nicht dazu gekommen, einen General-Konkurs zu organisiren. Dieses Resultat hoffen wir im nächsten Jahre zu erreichen."

Dieser Brief läßt beurtheilen, wie die Dinge außerhalb Paris liegen. Einzelne Versuche wurden in der Provinz gemacht, musikalischen Unterricht im Volke zu verbreiten. So organisirte 1848 die Gesellschaft des Elementarunterrichtes im Departement der Rhône zu Lyon die ersten öffentlichen Kurse; sie betraute Maniquet mit der Leitung der Musikkurse in den Schulen, welche sie gegründet hatte. Die erstaunlichen Erfolge dieses Unterrichts veranlaßten die „Brüder der christlichen Schule", ihn in ihren Schulen einzuführen. Früher hatte Aimé Paris Musikkurse nach der Zahlenschrift organisirt. Eigenthümlich genug! —: während die Gesellschaft des Elementarunterrichts zu Lyon sich damit beschäftigte, Musik in ihren Schulen einzuführen, stand auf dem Programm, welches die von den Kandidaten des Elementarlehrer-Diploms geforderten Kenntnisse bezeichnete, der Gesang; ja er war sogar in den Diplomen selbst verzeichnet, die man ihnen eingehändigt hatte, — und doch war ihnen keine Frage über diesen Gegenstand vorgelegt worden! Besser konnte man in der That nicht beweisen, daß man bei dem Elementarlehrer musikalische Kenntnisse als überflüssig betrachtete.

Überall, wie in Paris und Lyon, hing der musikalische Unterricht von Lokalautoritäten ab, unter denen nur sehr wenige sich befanden, die ihm eine Bedeutung beimaßen. Der Landestheil, wo in dieser Hinsicht die Elementarlehrer weniger zurück waren, war Elsaß. Seit mehr als einem halben Jahrhundert existirt in Straßburg ein Seminar zur Ausbildung von Lehrern. Dasselbe war das erste, welches französischerseits in das Leben gerufen wurde. Die Zöglinge blieben drei Jahre dort; wenn sie die Anstalt verließen, waren sie sowohl im Klavier- und Orgelspiel, als auch in den Elementen der Harmonie so weit vorgeschritten, um die Orgel in den Dörfern, in denen sie sich niederließen, übernehmen zu können. So weit meine Erinnerungen zurückgehen, habe ich in den elsässischen Dörfern den Elementarlehrer und Organisten immer nur in ein und derselben Person gesehen. Der Lehrer konnte seinen Schülern einige Unterweisungen im Solfeggiren geben; aber das hing einzig von seinem Vergnügen ab; obligatorisch waren sie nie.

Es dürfte nicht überflüssig sein, hier noch die Veränderungen zu nennen, welche nach dieser Seite hin im Elsaß seitens der deutschen Regierung vorgenommen worden sind. Seit 1871 hat man nicht nur mehrere Normalschulen, Seminare, organisirt, sondern man hat auch die Kandidaten des Elementarlehrerfachs verpflichtet, ehe sie in eine solche eintreten, zwei Jahre in einer Vorbereitungsschule gewesen zu sein. Zur Aufnahme in diese wird verlangt, daß sie unter anderm etwas Klavier und Violine spielen können. Das Studium dieser Instrumente setzen sie sowohl in der Vorbereitungs-, als auch in der Normalschule, in der sie drei Jahre bleiben, fort; und wenn sie diese verlassen, sind sie gute Organisten. Die Violine dient ihnen dazu, den Gesang in den Elementarschulen zu leiten, ohne zu ermüden.

Der Unterricht in der Vokalmusik ist überall obligatorisch; die Schüler erhalten mehrere Unterrichtsstunden in der Woche, sie lernen nicht nur die Kirchengesänge, sondern sie führen auch mehrstimmige Chöre aus. Mit einem Wort: der Musikunterricht besitzt heutigentags im Elsaß dieselbe Bedeutung, wie in ganz Deutschland.

Warum sollte die französische Regierung das, was sie früher im Elsaß für die Bildung der Elementarlehrer gethan hat, nicht für ganz Frankreich thun? Unglücklicherweise ist ihr die Nothwendigkeit eines solchen Schrittes noch nicht fühlbar.

Hier ist der geeignete Ort, auf die weiteren Pläne der Regierung näher einzugehen.

In dem, im September 1879 veröffentlichten Entwurf, hatte J. Ferry die Musik, gleich den Anfangsgründen im Zeichnen und Modelliren, den obligatorischen Gegenständen des Elementarunterrichtes eingereiht; sein Entwurf erhielt am 28. März 1882 Gesetzeskraft. Ein Dekret vom 2. August 1881 hatte das Singen bereits in den Kleinkinderbewahranstalten — in den salles d'asile — eingeführt.

Eine ministerielle Verordnung vom 23. Januar 1882 ernannte eine Kommission mit dem Auftrag: einen Entwurf zur Organisation des Singunterrichtes in den Elementar- und in den Schulen für höheren Unterricht auszuarbeiten. In Übereinstimmung mit einer Verordnung vom 27. Juli 1882 wurde ein pädagogisches Reglement mit einem Lehrplan für die Elementarschulen veröffentlicht. Dieser Plan wurde in einer Verfügung vom 23. Juli 1883 entwickelt. Der Gesangunterricht soll in den Kinder-Asylen in gleicher Weise, wie in Paris, anfangen. In den Elementarschulen wird der musikalische Unterricht in einen Elementar-, einen mittleren und einen höheren Kursus getheilt sein. Die Kinder sollen in logischer Reihenfolge die Anfangsgründe des Notenlesens mit Gesangsübungen und mündlichen Diktaten lernen; sie sollen zusammen ein- und zweistimmige Stücke ausführen.

Dagegen ist nichts einzuwenden, wohl aber ist es vom musikalischen Standpunkt zu mißbilligen, daß man in den Lehrerbildungsanstalten die Lehrer nur für den Singunterricht — Solfeggien und Gesänge — vorbereiten will. Eine Verordnung vom 23. Juli 1883 trifft Bestimmungen über das musikalische Examen, dem sich die Kandidaten der Normalschulen unterziehen müssen. Nach dieser Verordnung besteht dasselbe aus einem Abfragen der Gegenstände des mittleren Kursus der Elementarschulen, aus dem Vomblattlesen einer leichten Gesangsübung und aus einem sehr einfachen mündlichen Diktat. Das Dekret vom 4. Januar 1881 verlangte nur für das höhere Zeugnis — nicht für das Elementarzeugnis — die Kenntnis der Vokalmusik. Ein anderes, siebenzehn Tage später gegebenes Dekret, schloß den Gesang mit in den Unterricht der Normalschulen ein. Für letztere (die Schüler verbleiben in denselben drei Jahre) wies eine Verordnung vom 3. August 1881 dem Musikunterricht wöchentlich zwei Stunden an. Diese beiden Stunden sollen in Hälften getheilt werden, d. h. in halbe Stunden für Gesang und Instrumentalmusik; der Unterricht für Gesang und Klavier oder Harmonium (anstatt der Orgel) soll von der Studienzeit genommen, aber speciell Donnerstags und Sonntags gegeben werden. Die den Übungen und Wiederholungen gewidmete Zeit wird von den Freistunden genommen. Man nimmt nur an, daß die Schüler schon vom ersten Jahre an alle Tonleitern einstudiren mögen. Endlich ist dem Entwurf des Programms folgende Note beigefügt: „Die Erlernung eines Instrumentes hat ausschließlich den Zweck, den Lehrer in den Stand zu setzen, eine leichte Begleitung auf dem Klavier oder auf dem Harmonium auszuführen."

Es ist eine vom Ministerium des öffentlichen Unterrichts beschlossene Sache, keine Organisten für die Kirchen auszubilden. Man wird sehr mittelmäßige Pianisten heranbilden und, da im Allgemeinen die Lehrer gering besoldet sind, werden viele unter ihnen gern bereit sein, die Orgel beim Gottesdienst zu spielen. Man wird also in den Gemeinden mittelmäßige oder schlechte Organisten haben, was nicht dazu beitragen wird, den musikalischen Geschmack zu entwickeln, besonders in den Dörfern, wo die religiöse Musik von erheblicherem Einfluß auf denselben ist, als in den großen Städten.

Man sieht, daß Frankreich durchaus hinter Deutschland zurückbleiben will.

II.
Die Volksvereine.
Liedertafeln (Orphéons); Harmoniemusik- und Blechmusikchöre (Fanfares).

Der von Wilhem eingeführte Unterricht mußte die Bildung freier Gesangvereine herbeiführen, die sich nur um der Musik willen verbanden. Insbesondere hat sich ein Mann, Eugène Delaporte, mit der Organisation dieser Vereine in der Provinz beschäftigt. Er wanderte von Dorf zu Dorf, um solche ins Leben zu rufen, und kaum, daß er deren eine gewisse Anzahl organisirt hatte, als er sie auch schon im Jahr 1849 in Troyes zu einem Musikfeste vereinigte, bei welchem zweihundert Sänger mitwirkten. Um den Eifer der Orphéonisten — wie man sie nennt — zu spornen, richtete er Wettkämpfe mit Preisvertheilung ein. Bei dem ersten dieser künstlerischen Turniere waren nur neun Vereine betheiligt; aber ihre Zahl wuchs schnell und man war nicht wenig überrascht, als sich die Überlegenheit der Vereine Nordfrankreichs wegen der Nachbarschaft Belgiens herausstellte. Im Jahr 1860 kamen 3000 französische Orphéonisten zu einem in London abgehaltenen Feste zusammen, dem ein Jahr früher ein solches mit 6000 Sängern zu Paris vorausgegangen war.

Da die Zahl der Vereine eine immer größere wurde, kam man auf den Gedanken, sie in drei Gruppen zu theilen, was nicht ohne Schwierigkeit durchzuführen war; denn es ist kaum möglich, einen Modus der Klasseneintheilung zu finden, an welchem nicht Ausstellungen zu machen wären. Nachdem sie in drei Gruppen eingetheilt waren, richtete man eine „Ober-Abtheilung" ein, in welche die Gesellschaften eingeschrieben wurden, welche in der I. Gruppe die besten Preise erhalten hatten. Für die Gekrönten der Ober-Abtheilung schuf man eine „Abtheilung d' excellence". Dann wurden noch die besten Vereine »hors concours«, erhaben über allen Wettkampf, erklärt. Und endlich verfiel man noch darauf, alle der Abtheilung »hors concours« angehörenden Vereine mit einander konkurriren zu lassen.

Auf so sonderbarem Wege hätte man können unbedingt weiter gehen; da aber die Anzahl der neuen Vereine in beträchtlicher Weise wuchs, sah man sich genöthigt, die Gruppen in Sektionen zu theilen — und zwar so, daß man, die ersten Abtheilungen beibehaltend, aus diesen zehn zu unterscheidende Gruppen von verschiedenen Kräften bildete.

Gewiß haben die Wettkämpfe dazu beigetragen, den Eifer zu spornen und die Singvereine zu vermehren, um so mehr, als man zu den Wettkämpfen für die Ausführung noch Wettkämpfe für das Singen a prima vista hinzufügte; andererseits aber werden sie von den Orphéonisten nur zu oft als einfache Jagd nach Medaillen betrachtet; sie beschäftigen sich zu viel damit, die Preise zu vermehren, welche die Fahne jeder Gesellschaft schmücken, ohne sich um die Fortschritte zu kümmern. Daher kommt es, daß man Vereine findet, deren Fahne mit Medaillen überladen ist und die trotzdem in den schwächsten Abtheilungen oder Sektionen bleiben, von den Gefühlen der Rivalität und der Eifersucht gar nicht zu sprechen, welche die Oberhand über die Gefühle der Genossenschaft gewinnen. Auch Herr Guimet, einer der Männer, die sich mit diesem Gegenstand besonders beschäftigt haben, kommt in einer Schrift über die Volksmusik (Lyon 1870) zu dem Schluß: „Der augenblickliche Erfolg der Wettkämpfe bestand darin, daß in allen Gegenden Frankreichs Vereine entstanden. Unbestreitbar haben sie dazu beigetragen, die Vereine, welche sich bei denselben betheiligten, zu heben, zu fördern. Vielleicht müßte man die Art ihrer Klasseneintheilung verbessern und nach und nach den Charakter des Kampfes, des musikalischen »Derby« unterdrücken. Es würde besser sein, wenn es weder Sieger noch Besiegte gäbe und man nur zusammen käme, um die dem wahren Verdienst gebührenden Auszeichnungen zu erwerben, ohne daß die Stärke oder Schwäche der Konkurrenten jemand die Demüthigung einer Niederlage oder den Stolz eines bisweilen wenig gerechten Triumphes empfinden ließe."

Der Autor spricht von dem großen Sängerfest, welchem er im Jahre 1865 in Dresden beigewohnt hatte, bei welchem 21000 Sänger von den Einwohnern gastfrei aufgenommen wurden, woraus er folgenden Schluß zieht: „Üben wir die Musik mit einander, aber nicht gegen einander aus. Organisiren wir weniger Wettkämpfe und mehr Feste. Die Wettkämpfe haben uns eine forcirte, künstliche und sterile musikalische Reife gebracht. Die Kunst soll das Ideal sein und nicht der Kampf! Vernichten wir die Rivalität zwischen Menschen und Menschen, zwischen Gesellschaft und Gesellschaft."

Hieraus läßt sich folgern, daß die Wettkämpfe früher nützlich waren, heute aber eher schädlich oder wenigstens wenig förderlich sind. Wie Herr Guimet es vortrefflich ausdrückt, haben sie eine musikalische Reise forcirt und erkünstelt, weil sie nicht Wurzel in dem Erdreich gefaßt haben, in welchem sie allein wahrhaft gedeihen können: in dem von den Elementarschulen ertheilten musikalischen Unterricht. Nirgends befinden sich die Gesangvereine in einem blühenderen Zustande als in Deutschland, nirgends halten sie mehr die brüderlichen Beziehungen, die Genossenschaft unter ihren Mitgliedern aufrecht als eben daselbst. Warum? Ganz einfach, weil sie sich aus sich selbst in Folge des in den Schulen empfangenen Unterrichtes organisirt haben, ohne daß man jemals auch nur davon geträumt hätte, eine Rivalität durch Wettkämpfe hervorzurufen, wie man sie in Frankreich unerläßlich fand. Man kann die Geschichte der Gesangvereine in dem Werke von G. Kastner: »Les Chants de la vie« nachschlagen; hier wird man sehen, inwiefern die Organisation dieser Gesellschaften in Deutschland von der in Frankreich abweicht, wie tief die Beziehungen sind, in welchen die Vereine zu einander stehen, sei es durch Briefe oder durch Besuche, die in corpore gegenseitig oder auch von nur einigen ihrer Mitglieder ausgeführt werden, was für schöne Feste sie organisiren, um auf diese Weise, ohne Streit und Rivalität, fortwährend ihre freundschaftlichen Beziehungen aufrecht zu erhalten. G. Kastner hat konstatirt, daß in Deutschland der musikalische Unterricht derartig im Volke verbreitet ist, daß unter den Landleuten ganz gute Musiker zu finden sind, die zusammen nicht nur mehrstimmige Lieder singen, sondern auch eine „Fuge" ausführen können.

Die Bildung von Männerchören im Heere ist in Deutschland ebenfalls viel älter als bei uns. Seit einer langen Reihe von Jahren wurden solche in mehreren Staaten organisirt. „Preußen", schrieb G. Kastner im Jahre 1854, „ist einer der Staaten, welche in dieser Beziehung die günstigsten Resultate erzielt haben. Die Chöre einer großen Anzahl seiner Regimenter verdienen als Muster des militärischen mehrstimmigen Gesangs genannt zu werden." Dieses Zeugnis G. Kastner's wird, nicht ohne patriotisches Bedauern, vollständig von Dupaigne, dem Autor eines durch die Initiative Jules Ferry's veröffentlichten Berichtes bestätigt, dessen ich bei der Anführung des den Elementarunterricht betreffenden Gesetzes erwähnte.

Die musikalische Lage und der Volksunterricht in Frankreich. 17

Was ich von den Gesangvereinen sagte, gilt ebenso von den Vereinen für Instrumentalmusik, von den Harmonie- und Blechmusiken oder Fanfaren. Man hat bei ihnen dasselbe Klassen- und Wettkampfsystem in Anwendung gebracht; der Mißbrauch der Medaillen hat dieselbe Wirkung erfahren müssen, um so mehr, als die Instrumentalisten in Folge eines mangelnden Elementarunterrichtes sehr häufig genöthigt sind, das musikalische Lesen und den Mechanismus eines Instrumentes gleichzeitig zu erlernen, ohne dabei eine Hilfe zu haben, die ihnen Anleitung zur Hervorbringung eines guten Tones, zur Sauberkeit und Korrektheit des Spieles geben könnte. Trotzdem ziehen sie mit einigen Stücken, die sie eher schlecht als gut können, von Wettkampf zu Wettkampf, um Medaillen einzuheimsen; von der Wahl und dem Arrangement dieser Stücke will ich gar nicht reden. Dabei aber ist gewiß, daß sich unter der großen Zahl dieser Vereine auch einige gute befinden, deren Eifer und Nutzen ich nicht bestreite; ich konstatire nur mit Herrn Guimet die „forcirte, künstliche und oft sterile Situation".

Es läßt sich in der That feststellen, daß ein Fünftel der Gesammtzahl der Vereine aus guten Vereinen besteht, was sowohl hinsichtlich des Gesanges als auch der Instrumente gilt. Das Resultat der Wettkämpfe im prima vista-Lesen ergab, daß die französischen Vereine im Allgemeinen nicht schlecht lesen; nach dieser Seite hin sind sie sogar den belgischen Vereinen überlegen, stehen jedoch nach Seite der Ausführung hinter denselben zurück.

Henri-Abel Simon hat in seinem allgemeinen Jahrbuch der Musik — Annuaire général de la musique — die fast vollständige Liste der französischen Gesang- und Instrumentalvereine, nebst den von den Preisrichtern bei den Wettkämpfen ertheilten Urtheilen gegeben. Nehmen wir eine runde Zahl von 5000 Vereinen, so sind 3500 Blechmusikchöre — fanfares — darunter; der Rest vertheilt sich so ziemlich gleichmäßig auf Liedertafeln — Orphéons — und Harmoniemusiken. Viel zu viele Fanfaren und zu wenige Gesangvereine! In dem Nord-Departement finde ich gegen 180 Fanfaren, gegen 80 Harmoniemusiken, aber nur 20 Gesangvereine. In den Departements »de la Somme, de la Seine, de l'Oise, de Seine et Oise, de la Marne, de l'Eure, de la Gironde, du Rhône etc.« sind die Blechmusikchöre ebenfalls sehr zahlreich. Die an musikalischen Vereinen ärmsten Departements sind folgende: Côtes du Nord,

Finistère, Morbihan, Vendée, Indre, Creuse, Corrèze, Cantal, Hautes Pyrénées, Basses Pyrénées, Pyrénées orientales, Tarn, Lozère, Basses Alpes, Hautes Alpes, Alpes maritimes, la Corse. L'Hérault scheint das einzige Departement zu sein, im welchem die Zahl der Blechmusikchöre sowohl gegen die der Liedertafeln, als auch gegen die der Harmoniemusiken zurücksteht.

III.
Die Konservatorien.

Um den gegenwärtigen Zustand des Konservatoriums für Musik zu Paris richtiger würdigen zu können, ist es nöthig einen Blick auf die frühere Organisation dieser Schule zu werfen.

Das Bedürfniß, ein Institut speciell zur Ausbildung der Künstler für das Theater zu besitzen, hatte sich seit dem Bestehen der Oper fühlbar gemacht. Im Jahre 1672 hatte Lully eine Schule für Gesang und Deklamation gegründet; ein wenig später, im Jahre 1698, hatte Mlle. Marthe Lerochois, als sie sich vom Theater zurückgezogen hatte, eine Ergänzungsschule eröffnet, welche bis 1726 bestand. Dann wurde eine neue Schule im »Hôtel de l'Académie royale de Musique« ins Leben gerufen und mit dem Namen »Magasin« bezeichnet. Im Jahre 1756 proponirte und gründete wahrscheinlich Lekain eine Specialschule für Deklamation. Endlich — im Jahre 1784 — errichtete eine Verordnung des Conseil des Königs mit Bezug auf die Oper eine Schule, die dazu bestimmt war, Personen für das Theater auszubilden: dieses Institut, welches ohne Zweifel das »Magasin« entweder fortsetzen oder erweitern sollte, wurde von Gossec dirigirt; im Jahre 1795 verband es sich mit dem von Sarrette gegründeten Institut und bildete mit diesem das noch heute bestehende Konservatorium.

Während der Revolution war Sarrette zum Kapitain der Nationalgarde von Paris ernannt worden; nach dem 14. Juli 1789 vereinigte er fünfundvierzig Musiker vom Depôt der französischen Garden und bildete aus ihnen den Kern der Musik der Nationalgarde. Eine Verordnung der Pariser Kommune errichtete 1792 eine Freischule der Nationalgarde von Paris, bei der Sarrette's Musiker, deren Zahl bis auf siebzig gestiegen war, beschäftigt wurden. Ohne Musiker zu sein, besaß Sarrette eine große musikalische Intelligenz, ein lebendiges Kunstgefühl und erstaunlichen Fleiß. Er sah sich bei seinem Ziele angekommen, als der Konvent im Jahre 1795 die Musikschule der Nationalgarde, sowie zu gleicher Zeit die Schule für Gesang und Deklamation schloß, um die Organisation eines Konservatoriums der Musik mit dem Namen: »Institut national« zu dekretiren. Das erste Reglement wurde im Jahre 1796 abgefaßt, sodann wurde es 1800 und dann noch 1808 modificirt. Sarrette war der verwaltende Direktor desselben — er war Präsident des Unterrichts-Komité's, welches 1808 aus den Inspektoren, Professoren der Komposition: Gossec, Méhul und Cherubini mit Catel als Stellvertreter, zusammengesetzt wurde.

Für die Restauration war es genug, daß die Schule unter der Republik und dem Kaiserreich gegründet worden war und geblüht hatte, um sie unter dem Vorwande: sie müsse reorganisirt werden, zu schließen. Sarrette fiel in Ungnade. Nach verschiedenen Wechselfällen stand Cherubini als „General-Inspektor" an der Spitze des Konservatoriums und ein neues Reglement wurde 1822 entworfen. Der wirkliche Direktor war indessen damals nicht Cherubini, sondern es war der General-Intendant der Silberkammer, der Hoffestlichkeiten und der Angelegenheiten des königlichen Haushaltes. Dieser Intendant setzte zu Amtsgehilfen einen Rath für die Administration und für das Examen ein, der aus dem General-Sekretär der Intendanz, dem General-Inspektor der Klassen und den Professoren der Komposition oder anderer Lehrfächer bestand. Der General-Inspektor hatte die Obliegenheit, für die Ausführung der Verordnungen zu sorgen, die Arbeit der Klassen im Allgemeinen und im Einzelnen zu überwachen.

Mit aller Gewalt drängte die Entwickelung dahin — namentlich unter einem Direktor wie Cherubini —, daß die einzigen kompetenten Richter, die Musiker, einen überwiegenden Einfluß erreichten. Demnach war das Reglement von 1822 veraltet, als Cherubini 1841 ein neues abfassen ließ, das sehr wahrscheinlich im Wesentlichen nur den bestehenden Zustand der Dinge weihte. Unter Aufsicht der Special-Kommission der königlichen Theater und mit Genehmigung des Ministers des Innern war Cherubini der einzige Direktor. Ein verantwortlicher Administrator wurde damit betraut, die geschäftlichen Angelegenheiten der Anstalt in die Hand zu nehmen, sowie das Rechnungswesen zu untersuchen und zu ordnen. Der Unterricht wurde von dem Direktor in Übereinstimmung mit den Beschlüssen der von dem Minister ernannten Komités für die musikalischen und dramatischen Studien und der je nach Bedürfnis von dem Direktor ernannten und von dem Minister genehmigten Special-Komités angeordnet. Das Komité der musikalischen Studien bestand aus neun Mitgliedern, von denen sieben, mit Inbegriff des Direktors, aus der Mitte des Konservatoriums und zwei aus der Mitte der Komponisten gewählt wurden, die in keiner näheren Beziehung zur Schule standen. Sowohl dieses Komité, als auch das der dramatischen Studien mußte wenigstens ein Mal im Monat eine Zusammenkunft abhalten.

Unglücklicherweise mußte Cherubini, der fast 82 Jahre alt war, einige Monate später seine Entlassung nehmen. Er starb nach Verlauf einiger Wochen. Sein Nachfolger wurde Auber, der geistvolle Skeptiker, der liebenswürdige Epikureer, von dem sein Nachfolger, A. Thomas, inmitten des rhetorischen Pompes, mit dem er sein Grab schmückte, sich nicht enthalten konnte zu sagen: daß er „in Folge seines Alters und seiner natürlichen Liebenswürdigkeit vielleicht nicht der Disciplin des Konservatoriums die nöthige Sorgfalt gewidmet habe". Auch der Mangel einer festen Autorität, eines eisernen Willens, wie des von Cherubini, machte sich unmittelbar fühlbar, und Auber beeilte sich, ein ausführliches Reglement über die innere Polizei, in dem sogar die Pflichten der Klassendiener auf das genaueste aufgezählt waren*), ausarbeiten zu lassen.

Nach Verlauf von acht Jahren — 1850 — machte man ein neues Reglement, das aber, in Bezug auf das von Cherubini, nicht als ein Fortschritt betrachtet werden kann. Noch immer giebt es einen verantwortlichen Agenten für die Kasse und das Rechnungswesen, einen der Direktion beigegebenen Sekretär. Der Direktor soll alle Arbeiten ordnen, allen Komités vorsitzen, er soll den Unterricht in Übereinstimmung mit den Beschlüssen der Komités der musi-

---

* Alle Reglements, mit Ausnahme des neuesten, sind in der „Geschichte des Konservatoriums" von Lassabathie zu finden. Das Reglement von 1878 erschien im »Journal officiel« vom 12. September desselben Jahres.

Die Ernennung Auber's zum Direktor des Konservatoriums ist vom 8. Febr. 1842; das Reglement der inneren Polizei ist vom 1. Dezember 1842.

kalischen und dramatischen Studien, von denen jedes aus zwölf Mitgliedern zusammengesetzt ist, regeln; aber nichts ist davon gesagt, wann', wie oft diese Komités zusammenzukommen haben, ob ein Mal im Monat, ob ein Mal im Jahr oder ein Mal alle zehn Jahre. Es bedurfte von hier aus nur eines Schrittes weiter, um die Initiative der Komités zu unterdrücken, die im Reglement Cherubini's ausdrücklich vorbehalten worden war, um alle die Maßregeln, welche ihnen für den Unterricht förderlich erschienen, vorzuschlagen.

Das Reglement von 1878 geht noch weiter. In ihm stehen nur noch zwei obere Autoritäten: der Direktor des Konservatoriums und sein Sekretär oder, wie man ihn nennt, „der Chef des Sekretariats". Ein Unterrichtsrath ist eingesetzt, zu dem die Professoren der Komposition der Schule und die Mitglieder der musikalischen Sektion des Instituts gehören, aber der Einfluß dieses Rathes als eines besonderen Körpers ist illusorisch; denn nach dem Reglement „kann er berufen werden, um seine Ansicht über die auf den Unterricht bezüglichen Fragen und Maßregeln von allgemeinem Interesse auszusprechen"; aber niemals wird er zusammenberufen, jede Initiative ist ihm untersagt, seine Meinung verpflichtet den Direktor nicht, sie zu befolgen, und die Fragen der Specialinteressen gehören nicht zu seinem Ressort.

Für das Examen der Klassen giebt es ein Komité, welches aus dem Unterrichtsrath und aus sechs Titular-Professoren oder der Schule fremden Künstlern gebildet ist. Sehen wir, worin seine Funktionen bestehen: es theilt seine Ansicht bei der Vertheilung der Pensionen mit, — es kann diese in Folge eines Examens zurückziehen lassen, — bei jedem halbjährigen Examen spricht es sich über das Bleiben oder über die Entlassung der Schüler aus, — bei dem Examen im Juni bestimmt es, welche Schüler sich an den Ende des Jahres stattfindenden Konkursen betheiligen sollen, und welche ihre Studien beendet haben. Was die Bestimmung über die »sujets«. d. h. die Stücke zu den Bewerbungen auf Vorschlag des Direktors betrifft, so billigt es nur die von den Professoren getroffene Wahl: denn diese wählen die Stücke aus; betheiligen sich mehrere Klassen ein und desselben Lehrfaches, wie zum Beispiel für Klavier oder Violine oder Violoncell, an den Konkursen, dann verständigen sie sich untereinander. Für den Gesang, die Oper und die komische Oper ist das eine Sache der Professoren und ihrer Schüler. Kurz, die Jury für das Examen funktionirt, wie ihr Name besagt, nur bei den Prüfungen, d. h. zwei Mal im Jahr.

Die Jury für die Aufnahme existirt nur bei den jährlichen Prüfungen zur Annahme neuer Schüler; sie besteht aus dem Unterrichtsrath und den wirklichen Special=Professoren; wir werden gleich sehen, daß es Fälle giebt, bei denen ihr Rath nicht nothwendig ist.

Die Jurys der am Ende des Jahres stattfindenden Bewerbungen für die Preise bestehen, abgesehen von dem Direktor der Anstalt, aus acht bis zehn Mitgliedern, die wenigstens zur Hälfte aus den dem Institut fremden Persönlichkeiten gewählt werden. Die Gegenwart von sieben Mitgliedern genügt, um den Entscheidungen Gültigkeit zu geben.

Sehen wir nun, worin die Pflichten des Direktors und die seines Sekretärs bestehen.

Der Direktor ordnet alle Arbeiten und präsidirt allen Komités, bei denen seine Stimme entscheidend ist; alle Beamte, deßgleichen die Professoren und die Accompagnateure werden auf seinen Vorschlag ernannt; aber er selbst ernennt die Repetenten auf drei Jahre; er kann den Repetenten Ergänzungsklassen für Solfeggien einrichten, wenn ihm solche nothwendig scheinen. Er berichtet dem Minister über die Entlassung der Professoren; er bestimmt die Tage und Stunden der Klassen, in die er auch die neuen Schüler einreiht; er kann einen Schüler in eine andere Klasse versetzen, wenn er es für gut findet. Er kann einen Bewerber aus der Provinz kommen lassen, der eine Entschädigung erhält. Er kann, ohne Zustimmung einer Jury, Bewerber zu den Klassen für Solfeggien, für Elementarstudien des Klaviers, für Harmonie und Komposition zulassen. Er kann auch Zuhörer in allen Klassen für die Dauer des Schuljahres zulassen. Er kann durch Disciplinarmaßregeln die Pensionen ganz oder zum Theil zurückziehen.

Der Chef des Sekretariats hat für die innere Disciplin der Schule, für das Materielle und das Rechnungswesen zu sorgen, außerdem ist er Mitglied des Unterrichtsrathes der musikalischen und dramatischen Studien, und als solches gehört er nothwendigerweise zum Komité für das Examen und zum Komité für die Aufnahme; nur in der Jury für die alljährigen Preisbewerbungen hat er keine

Rechte, außer auf specielle Einladung des Direktors. Kurz, außer seinen Funktionen als Sekretär ist er mit der Administration, dem Rechnungswesen, der Polizei belastet und hat sowohl im Kapitel für den musikalischen als auch für den dramatischen Unterricht Stimme; der Direktor selbst hat nur den Befehl über den Unterricht.

Ist diese Organisation geeignet, dem von A. Thomas selbst konstatirten Erschlaffen der Disciplin abzuhelfen? Wir erlauben uns es zu bezweifeln; hiezu genügt es den öffentlichen Prüfungen im Juli beizuwohnen. Was den Unterricht betrifft, so hängt er fast nur von den Fähigkeiten und dem Eifer der Professoren ab.

Mit Ausnahme nur einer Abtheilung der Orchesterinstrumente ist der Unterricht auf diesem Gebiete ausgezeichnet oder zum wenigsten genügend; dasselbe gilt für das Gebiet der Solfeggien, der Harmonie- und Kompositionslehre. Die schwache Abtheilung ist die für die Trompete: seit langen Jahren findet man in derselben nicht einen Schüler, der ein leichtes Stück, ja nur ein einfaches Trompetensignal korrekt blasen kann. Das kommt daher, weil die Trompete mehr bei den Militärmusiken und sehr selten bei dem Theater- oder dem Symphonieorchester in Gebrauch ist; bei den meisten dieser Orchester nimmt man an ihrer Stelle das Cornet à pistons, ein viel mehr verbreitetes und darum dankbareres Instrument. Wie aber — fragt man mit Recht — ist es möglich, ein guter Trompeter zu sein, wenn man nicht fortgesetzt Übung in der Behandlung des Instrumentes hat? Die Trompete und das Cornet sind übrigens die einzigen Instrumente, bei denen man im Konservatorium den Ventilen-Mechanismus lehrt.

Die Orgelklasse war immer eine der besten; wenn die Schüler, nachdem sie die Anstalt verlassen haben, keinen strengen Stil beibehalten, ist das viel mehr ihre Schuld, als die des empfangenen Unterrichtes. Mit dem Klavier ist es nicht so. Für dieses Instrument, wie für die Violine, giebt es dem Grade nach zwei Abtheilungen: eine Vorbereitungs- und eine Ausbildungsklasse; nur die Zöglinge dieser letzteren bewerben sich um die Preise, deren Verleihung den Werth eines Befähigungs- oder Reisezeugnisses hat.

Ob die Konkurse öffentlich oder geschlossen abgehalten werden,

hängt einzig und allein von dem Interesse oder dem Vergnügen ab,
welches sie den Laien bieten können. So war früher der Harfen=
konkurs öffentlich; er fand an einem und demselben Tage mit dem
Klavierkonkurs statt; seit ungefähr fünfzehn Jahren aber hat man
ihn den geschlossenen Konkursen eingereiht, einfach in der Absicht,
dem Klavierkonkurs mehr Zeit widmen zu können. Das bei diesen
Konkursen angewandte Verfahren ist ungenügend, und die be=
reits ein vernünftiges Maß übersteigende Anzahl der Bewerber
scheint noch im Zunehmen zu sein. In dem Reglement von
1850 blieb die Anzahl der Zöglinge eine begrenzte; die Klassen
für den Instrumentalunterricht sollten höchstens je acht Zöglinge
und zwei Aspiranten — auditeurs — umfassen. Diese Ein=
schränkung ist aus dem neuen Reglement verschwunden. Es giebt
zwei Klavierklassen für die männlichen und drei für die weiblichen
Zöglinge (die Vorbereitungsklassen werden Klavier=Studienklassen,
»Classes d'étude du clavier«, genannt). Bei den öffentlichen Kon=
kursen des letzten Jahres haben sich vierzehn Schüler und neunund=
dreißig Schülerinnen gestellt; das macht durchschnittlich dreizehn
Schülerinnen auf die Klasse; natürlich konkurriren die Zöglinge nicht
alle. Besser wäre es, in den Prüfungen, welche der Bewerbung vor=
angehn, eine Auswahl der Zöglinge zu treffen und sie dann einer
ernsten Probe zu unterziehen. Alles, was man von ihnen verlangt,
ist: ein Stück, das ihnen drei Wochen vorher bezeichnet wurde, zu
spielen und eine kleine, immer ziemlich leichte Probe a prima vista
abzulegen. Derartiges mag höchstens für einen Orchestermusiker
genügend erscheinen, aber nicht für einen Pianisten.

Die erste Bedingung, welche man einem Preisbewerber für das
Klavierspiel setzen sollte, wäre, daß er die Harmonielehre kennt. Es
giebt für die Sänger Solfeggien= und selbst Klavierklassen; dem=
gemäß sollte es auch obligatorische Harmonieklassen für die Pianisten
geben. Bei dem gegenwärtigen Stand der Dinge scheinen sich
Zöglinge und Professoren einzig damit zu beschäftigen, Preise da=
vonzutragen. Nach Absolvirung der Schule geben die Preisge=
krönten Konzerte, in denen sie häufig nacheinander Werke der
größten Meister spielen, ohne von dem Unterschiede des Stils und
der Charaktereigenthümlichkeit der Kompositionen auch nur eine
Ahnung zu haben. Es ist gewiß: Frankreich hat den großen
deutschen Pianisten keine Namen entgegen zu halten. Im Pariser

Konservatorium kann ein zwölfjähriges oder ein noch jüngeres Kind einen ersten Preis im Klavierspiel davontragen; aber ein junger Schüler, selbst von mehr als zwölf Jahren, kann technisches Geschick und Nachahmungstalent dokumentiren, kann aber weder Stil noch Verständnis für die klassische Musik besitzen.

Der Unterricht im Gesang bietet noch weit mehr Anlaß zur Kritik. Ohne Zweifel ist die Gesangskunst, selbst in Italien, herabgekommen; in diesem Lande ist sie nicht mehr, was sie zu Zeiten Rossini's und Donizetti's war. Ihren Verfall konnte man im italienischen Theater des Saales Ventadour verfolgen; aber ich habe mich hier nur mit dem Pariser Konservatorium zu beschäftigen.

Die Gesangs-Konkurse sind von denen der Oper und der komischen Oper verschieden; die letzteren pflegen ganz besonders den Dialog und das scenische Spiel. Für den Gesang verlangt man von dem Schüler nichts weiter, als daß er ein Stück nach eigener Wahl vorträgt; für die Oper oder komische Oper singt und spielt er eine oder mehrere Scenen, die er vordem nach Muße studirt hat. So kann es sich ereignen, daß ein Zögling einen ersten Preis im Gesang davonträgt, ohne spielen zu können, was sehr natürlich ist; aber es ereignet sich auch, daß ein Preisgekrönter einen ersten Preis der Oper oder der komischen Oper errungen hat, und dabei doch sehr ungeschickt in der Gesangskunst ist; nichts desto weniger verläßt er doch die Schule, um ein Theater zu betreten. Das Reglement sagt wohl, daß die Zöglinge, wenn ihre Gesangstudien so weit vorgeschritten sind, in die Klassen für das Bühnenspiel eintreten sollen; aber dieser Paragraph wird nicht eingehalten. Man sieht Schüler, die sich um den Preis der Oper und der komischen Oper bewerben, ohne daß sie dem Konkurs für Gesang beigetreten wären. Andere wieder sieht man, die, trotz ihrer Unerfahrenheit, von ihrem Eintritt in das Konservatorium an, gleichzeitig einer Solfeggien-, einer Gesangs- und einer Klasse für die Oper oder komische Oper eingereiht werden.

Da der Gesang aus einer Verbindung der Musik mit dem artikulirten Wort besteht, sollte man damit anfangen, einen richtigen Ansatz der Stimme zu befestigen, sie stufenweise in der Vokalisation und zugleich in einer deutlichen und richtigen Aussprache der gesungenen Worte zu üben. Für diesen letzteren Zweck ist die Musik Gluck's und seiner Schule ganz besonders geeignet; niemals jedoch hört man etwas von ihr in den Konkursen, ausgenommen die Arie des „Joseph" von Méhul, eine Tenorarie aus den „Abenceragen" von Cherubini und eine Sopranarie aus dem „Ferdinand Cortez" von Spontini. Unter den Schülern zieht der eine Theil übersetzte Arien vor, namentlich die aus den Opern Verdi's, in denen die Stimme glänzen kann; andere singen Bravourarien mit einer mangelhaften Vokalisation. Die Frauen vor allem präsentiren sich fast sämmtlich von Anfang an mit großen Koloraturarien, die nicht eine einzige von ihnen gut vorzutragen versteht. Die Aussprache und Accentuation der Worte wird eben so, wie sie wird; die Männer haben häufig die Neigung, einen starken Ton durch Herabdrücken des Kehlkopfes zu erzielen, welcher Mißbrauch mit den dunkeln Klangfarben Hals- und Gutturalklänge erzeugt — Fehler, von denen sie sich selten befreien und die ihre Stimmen in wenig Jahren ruiniren. Ebenso ist das Tremoliren — sei es in Folge einer vorzeitigen Ermüdung der Stimme, oder einfach in Folge der Tendenz die Gesangsorgane zu forciren — keine Seltenheit im Konservatorium. Dieselben Verkehrtheiten zeigen sich auch bei den Mezzo-Sopranstimmen, an denen überdies kein Überfluß am Konservatorium ist. Die Soprane sind oft unsicher oder betoniren in Folge einer inkorrekten Vokalisation. Alles das kommt von einer überhasteten und schlechten Erziehung. Die verlockenden Gehalte der Opernsänger, die im Vergleich mit denen vor einigen vierzig Jahren mindestens sich verdreifacht haben, sind noch immer im Steigen begriffen. Hiezu kommt noch die Gewohnheit, welche man den Schülern beibringt, an der Musik der Meister Änderungen — die immer geschmacklos sind — zu machen, was sicherlich nicht das Mittel ist, sie ein richtiges Interpretiren der Musik zu lehren.

Dennoch fehlt es bei der Aufnahme neuer Zöglinge nicht an Auswahl: denn es melden sich deren immer mehr als das Sechsfache der in den Klassen vakanten Plätze. Im letzten Oktobermonat haben sich 116 Männer und 127 Frauen um 35 Vakanzen in den acht Gesangsklassen beworben; denn durch eine Anordnung, welche gewiß nicht die beste ist, nimmt jede dieser Klassen ebensowohl Männer wie Frauen auf.

Im Jahre 1871 wurde Herr Mangin, welcher Orchesterdirigent am Théâtre Lyrique war, auf denselben Posten an das

»Grand Théâtre« zu Lyon berufen. Kaum war er in dieser Stadt angekommen, als er sich schon damit beschäftigte, mit Hilfe einer Anzahl von Professoren ein Konservatorium für Musik zu gründen. Die Schule wurde im Oktober 1872 eröffnet; Mangin trug alle unumgänglichen Kosten; die Stunden waren gratis; in Ermangelung eines besonderen Lokals fanden sie in der Wohnung eines jeden Professors statt; achtzehn Monate später erst bewilligte die städtische Behörde eine Summe zu der sehr bescheidenen Besoldung des Direktors und der Professoren. Mangin eröffnete auch für Erwachsene Elementarkurse, ähnlich den in Paris seit 1836 existirenden.

Das Konservatorium zu Lyon wurde im Jahre 1874 als Filiale des Konservatoriums zu Paris errichtet. Es wurde mit 140 Zöglingen eröffnet; 1876 waren es deren 442 und drei Jahre später 647. Die Schule ergab die besten Resultate; so zählte man zum Beispiel 1876 zwölf Zöglinge, die sich am Pariser Konservatorium meldeten und dort aufgenommen wurden, zwanzig Instrument-Zöglinge waren bei den Hauptorchestern Lyon's thätig; diejenigen, welche nach Paris gegangen waren, um dort ihre Studien zu vollenden, hatten gleich bei ihrer Ankunft im Orchester Pasdeloup und an den Haupttheatern Engagements gefunden. Aus dem Konservatorium von Lyon sind unter andern viele Solisten der Militärmusik der Garnison hervorgegangen; eine relativ ziemlich beträchtliche Anzahl dieser Schüler wurde bei den Prüfungen, die jährlich am Konservatorium zu Paris abgehalten werden, als Chefs oder Unter-Chefs aufgenommen.

Erst seit zwei Jahren ist die Schule in einem passenden Lokal installirt; die musikalische Bibliothek vergrößert sich fortwährend. Der Unterricht wird im allgemeinen, wie von Anfang an, nach demselben Plan ertheilt, wie am Pariser Konservatorium. Es giebt zwei Klassen der Harmonie- und der Kompositionslehre; eine für die Männer, eine für die Frauen. Die Trompete und das cornet à pistons sind in ein und derselben Klasse vereinigt; Ensembleklassen giebt es nur für die Oper; die Harfe und die Orgel sind in dem Unterricht nicht mitinbegriffen. Trotz des unzweifelhaften Gedeihens der Schule erhoben sich 1879 Schwierigkeiten, welche Mangin bestimmten seine Entlassung einzureichen; gegenwärtig ist er Professor am Konservatorium zu Paris.

Sein Nachfolger in Lyon war Aimé Gros, unter der Aufsicht einer städtischen Kommission, die sich nicht nur mit der Verwaltung, sondern auch mit den musikalischen Studien beschäftigt. Diese Organisation scheint mir nicht die beste zu sein; wir begegnen ihr gerade in den zwei Städten, die in Frankreich nächst Paris die wichtigsten sind: in Lyon und Marseille. Daß eine administrative Kommission sich mit den Finanzfragen und mit der Verwendung der disponiblen Gelder beschäftigt, ist sehr natürlich; die Leitung der Studien aber soll einzig und allein in den Händen eines Direktors, der Musiker ist, liegen, mit oder ohne Assistenz-Komité für die Studien, welches letztere in seiner Majorität aus den Professoren der Schule zu wählen ist. Unter der Direktion eines Künstlers wie Aimé Gros fährt die Anstalt ohne Zweifel fort, günstige Resultate zu erzielen; aber die Anzahl der Zöglinge beträgt gegenwärtig nur 218, d. h. wenig mehr als den dritten Theil des Bestandes, der bei dem Weggang Mangin's vorhanden war. Die Mängel der gegenwärtigen Organisation könnten einen Schaden bringen, welcher mehr und mehr empfindlich werden dürfte.

Das Konservatorium zu **Marseille** wurde 1822 von Barsotti gegründet; es war eine Privatschule, welche in der Folge eine städtische Anstalt wurde, indem die Stadt alle Kosten übernahm. Im Jahr 1841 wurde es durch königliche Entschließung zur Filiale des Pariser Konservatoriums gemacht. Der Direktion Barsotti's folgte 1851 August Morel, ein Freund von Berlioz und ein talentvoller Komponist. Alles ging gut, bis 1872 die Stadtbehörde ohne ernstlichen Grund Änderungen vornehmen wollte, die dem Reglement entgegen waren; der Präfekt besteht darauf, die Entschlüsse des Stadtrathes zu annulliren: dieser beseitigt den Zwist damit, daß er von nun an alle Unterstützung der Regierung verweigert, das Konservatorium schließt und eine Kommission damit beauftragt, ihm einen Plan zur Organisation einer städtischen Musikschule zu unterbreiten. A. Morel zog sich zurück; der Bürgermeister der Stadt und ein Censor, der nicht Musiker war, wurden mit Beiordnung einer Überwachungs-Kommission, deren Mitglieder meist ebenfalls nicht Musiker waren, die Dirigenten der Schule; die politischen Ideen aller dieser Dirigenten trugen nicht dazu bei, ihnen mehr Unparteilichkeit als Kompetenz zu geben.

Unordnung und Verfall der Schule waren unvermeidlich, dabei fehlte es nicht an Protesten. Personenwechsel in der Stadtbehörde genügte, um Alles in Frage zu stellen. Dieser Mangel an Beständigkeit war nicht geeignet, viele talentvolle Professoren zu veranlassen, einem zu selbstherrischen Stadtrath ihre Dienste anzubieten. Im Jahr 1881 ernannte man ein Direktions-Komité von zwölf Mitgliedern, bestehend aus sechs Stadträthen und sechs vom Bürgermeister gewählten Dilettanten. Diese sechs letzteren Mitglieder zögerten nicht, ihr Entlassungsgesuch einzureichen. Da die Sachen immer schlechter wurden, beschloß zu Anfang des Jahres 1882 die Majorität des Stadtrathes, wieder einen wirklichen Direktor an die Spitze des Konservatoriums zu setzen. Einen solchen hätte sie leicht in Marseille finden können, aber sie suchte ihn in der Ferne, und ihre Wahl fiel endlich auf Sain-d'Arod, geboren zu Vienne in der Dauphinée; er war Kammer- und Kirchenmusikkomponist, Verfasser kritischer und geschichtlicher Artikel und Korrespondent des »Institut de France«. Nach Verlauf eines Jahres mußte Sain-d'Arod seinerseits um seine Entlassung einkommen. Er wurde von einem „Censor", der wenigstens Musiker ist, ersetzt. So stehen in diesem Augenblick die Dinge.

Das Konservatorium zu Toulouse, eines der blühendsten, war 1830 gegründet worden; der Unterricht umfaßte anfangs nur die Solfeggie, Gesang, Deklamation, Klavier, Violine, Violoncell und Harmonie. Im Jahr 1867 reichten die Solisten am Grand Théâtre der Stadt bei dem Bürgermeister eine Petition um die Errichtung von Klassen für Blasinstrumente ein. Heutigentags ist die Schule in einem geräumigen, besonders zu diesem Zwecke errichteten Gebäude installirt. Sie umfaßt alle Theile des Pariser Unterrichts, ausgenommen die Orgel, die Harfe, den Kontrapunkt und die Fuge. Außer den vokalen und instrumentalen Ensemble-Klassen hat sie des Abends eine Klasse zu dem Zweck, Choristen zu bilden; sie besitzt einen Konzertsaal mit Theater, der ungefähr 500 Plätze enthält.

Außer dem Staatszuschuß, der sehr gering ist, giebt die Stadtbehörde die jährliche Summe von 40,000 Fr. für ihr Konservatorium aus. Alle Jahre bewilligt sie drei Pensionen von je 1800 Fr. für einen Sänger, eine Sängerin und einen Instrumentalisten; außerdem giebt sie noch Unterstützungspensionen, um dem Unterhalt der Schüler nachzuhelfen, die sie jährlich nach Paris schickt, um sich weiter auszubilden. Unter diesen befanden sich nicht nur viele Sänger und Instrumentalisten, sondern auch vier Preisgekrönte des Instituts, welche den Rom-Preis erhalten hatten: die Herrn Deffès, Conte, Salvayre und Vidal.

Die erste Idee, in **Dijon** ein Konservatorium zu gründen, verdankt man Muteau, Rath am Appellhof der Stadt, welcher 1845 eine königliche Berechtigung erhielt, ein Konservatorium als Filiale des Pariser Konservatoriums zu errichten; zur Ausführung des Planes aber sollte die Stadtbehörde von Dijon die nöthigen Gelder bewilligen, was sie ausschlug. Erst 1868 gelang es dem Bürgermeister, Jolliet, ihre Hartnäckigkeit zu überwinden. Die Direktion der Schule bot man Herrn Poisot, einem zu Dijon geborenen Komponisten an, der in Paris, wo er wohnte, nicht unbekannt war. Die Schule wurde im April 1869 eröffnet; vier Monate später fand die erste Preisvertheilung nach einem Konzerte statt, welches das glückliche Resultat des Unterrichts bezeugte. Die städtische Solfeggien-Schule, die seit fünfzehn oder zwanzig Jahren existirte, wurde nun mit dem Konservatorium verschmolzen. Der Unterricht umfaßte die Streichinstrumente mit einer Specialklasse für Bratsche, Flöte, Horn, Posaune, das Cornet à pistons, Harmonie, Solfeggie und Gesang. In Folge von Feindseligkeiten reichte Poisot im März 1872 seine Entlassung ein und kehrte nach Paris zurück.

Nach dem im Jahre 1879 redigirten Reglement besteht neben dem Direktor der Schule eine Aufsichts-Kommission, deren Vorsitz der Bürgermeister führt. Der Unterricht wird vom Direktor unter Zuziehung des Unterrichtskomités geregelt. Die Klassen der Männer sind von denen der Frauen getrennt, ausgenommen in den Ensemble-Reunionen. Diese Trennung ist in der ganzen Provinz; nirgends sind die beiden Geschlechter gemeinschaftlich in den Gesangsklassen, wie in Paris. Unentgeltlichen Unterricht erhalten nur vierzig Zöglinge, die je nach ihrer Fähigkeit und ihren Vermögensverhältnissen gewählt werden; die andern Zöglinge entrichten eine ziemlich geringe Entschädigung. Die Zöglinge der Instrumentalklassen können, wenn sie es wünschen, im letzten Jahre ihres Kursus im Theaterorchester mitspielen; die Professoren bezeichnen diejenigen, welche sie für fähig halten, sich auf diese Weise durch Ensemblemusik zu vervollkommnen.

In den Instrumentalklassen fehlt die Trompete; sie wird durch das Cornet à pistons ersetzt, das mit der Posaune à coulisse in einer Klasse vereinigt ist. Die Klarinette und das Fagott sind auch in einer einzigen Klasse vereint, wahrscheinlich, weil der Professor beide Instrumente spielt: sonst müßte das Fagott logischerweise mit der Hoboe vereinigt werden. Charles Collin, der frühere Professor der Hoboe am Pariser Konservatorium, wies seine Schüler darauf hin, sich auch mit dem Fagotte bekannt zu machen, was ihnen wenig Arbeit gekostet haben würde. Der Rath war gut, wenn er auch nicht befolgt wurde.

Was das Horn betrifft, so lehrt man am Konservatorium zu Dijon das einfache Horn und das Ventilhorn. Die Klasse für die Bratsche findet jede Woche ein Mal statt. Die Orgel fehlt; die Komposition beschränkt sich auf das Studium der Harmonie. Sodann existiren die nothwendigen Ensembleklassen. Die Professoren sind meistens Preisgekrönte des Pariser Konservatoriums; das Niveau der Studien ist im Allgemeinen ein ziemlich erhöhtes. Unglücklicherweise sind die guten Stimmen in diesem Lande selten; diese Dürftigkeit schreiben die Aerzte dem sehr plötzlichen und häufigen Witterungswechsel zu. Er verursacht leichte Hals- und Kehlkopfentzündungen, die, ohne ernstlich zu sein, doch hinreichen, um die Stimmen zu schädigen.

Die besten Schüler der Instrumentalklassen haben am Pariser Konservatorium und an der Niedermeyer'schen Schule erste Preise davongetragen, und trotz der durch den Militärdienst verursachten Lücken, der jedes Jahr ziemlich vorgerückte Schüler reklamirt, konnte der gegenwärtige Direktor der Schule, Herr Lévêque, im Jahre 1882 ein Orchester von 72 Ausführenden organisiren, um mit ihnen unter seiner Leitung Volks-Konzerte zu geben. Vom künstlerischen Standpunkt aus haben diese Konzerte vollkommen günstige Erfolge gehabt, aber nicht in pekuniärer Beziehung; nichts desto weniger sollen dieselben fortgesetzt werden.

Einige dringende Verbesserungen dürften vorgenommen werden. Das von dem Konservatorium benützte Lokal ist für die 230 Zöglinge, welche durchschnittlich die Kurse besuchen, nicht mehr ausreichend. Man dachte daran, Filialkurse in den kommunalen Schulen einzurichten; mehr als 500 Schüler erhalten hier von den Professoren des Konservatoriums Elementarunterricht im Singen. Man beabsichtigt, in allen Schulen der Stadt ähnliche Kurse zu organisiren.

Auch müßten die Unterstützungen vermehrt werden; das Geld fehlt für die dringendsten Ausgaben; die Gehalte der Professoren sind zu gering, und der Unterricht sollte für alle Schüler unentgeltlich sein.

Das Konservatorium in **Nantes** wurde im November 1844 durch den gegenwärtigen Direktor, Herrn Breßler, auf seine eigenen Kosten eröffnet. Die später von der Stadtbehörde bewilligten Subventionen waren von bescheidenster Art. Nach Verlauf von zwei Jahren wurde die Schule eine Filiale des Pariser Konservatoriums; während der vier folgenden Jahre zahlte Breßler mehr als neun Zehntel der Kosten.

Im Jahr 1850 blieb die Schule ohne Unterstützung und die Kurse wurden bis 1853 eingestellt, trotz des unaufhörlichen Drängens des Direktors bei dem Bürgermeister, dem Präfekten und dem Minister des Innern. Demungeachtet hatte die Schule in dem Zeitraum von fünf Jahren lediglich mit ihren Zöglingen, Choristen und Instrumentalisten, sechzehn Konzerte gegeben, die alle den Fortschritt der Schüler und die Nützlichkeit eines wohlorganisirten Konservatoriums evident bewiesen. Die Schule wurde im April 1853 mit nur zwei unentgeltlichen Kursen wieder eröffnet; von 1860 an bis 1866 existirten vier Kurse: Solfeggie, Gesang, Deklamation, Chorgesang; noch in 1870 gab es nur eine Instrumentalklasse: eine Klavierklasse.

Der von Breßler seit fast vierzig Jahren muthig ausgehaltene Kampf scheint endlich von Erfolg gekrönt zu werden. Im August 1881 reichte Breßler der Stadtbehörde von Nantes einen Bericht über die Lage der Schule ein, in dem er durch Zahlen bewies, daß das Konservatorium zu Nantes unter den Filialen des Pariser Konservatoriums das in jeder Hinsicht am wenigsten begünstigte sei. Die Klassen sind noch nicht vollständig; es fehlt eine Klasse für Deklamation, Fagott, Kontrabaß, Trompete, Posaune; Breßler verlangt auch eine Klasse für Harfe, eine Klasse für die Sax-Instrumente und eine Orchesterklasse. Der Unterricht im Klavier- und

Violinspiel wurde kürzlich nach den Entwickelungsgraden in zwei Abtheilungen getheilt, wie in Paris. Nützlich würde es auch sein, die Anzahl der Klavier= und Violinklassen zu verdoppeln.

Das gegenwärtige Reglement datirt von 1881; es ist mit einigen Veränderungen nach dem Muster des Pariser Konservatoriums entworfen.

Es giebt einen Verwaltungsrath, der aus zwölf Mitgliedern besteht, von denen je ein Drittel aus den Mitgliedern des Konservatoriums, der städtischen Behörde und Professoren oder Musikfreunden, welche weder zum Municipalrath noch zum Konservatorium gehören, gewählt wird. Der Verwaltungsrath ist neben den finanziellen Fragen noch mit der Ernennung der Jury für die vierteljährlichen Prüfungen, sowie für die am Jahresschluß stattfindenden Preisbewerbungen, denen die Preisvertheilung folgt, betraut.

Im vorigen Jahrhundert gab es zu Lille einen Verein von Künstlern und Musikfreunden, der sich »la Société du grand Concert« nannte und dessen Sitz in dem Lokal des gegenwärtigen Konservatoriums war. Dieser Verein bestand bis zum Anfang unseres Jahrhunderts, verlor aber während der Revolutionsperiode seine Bedeutung und stellte seine Wirksamkeit ein. Gegen das Jahr 1808 hin reichte er bei der Stadtbehörde ein Gesuch zur Umgestaltung seines Instituts in ein Konservatorium für Musik ein, wobei er der Stadt das Anerbieten stellte, ihr den für seine Konzerte bestimmten Saal nebst Zubehör, deßgleichen seine reiche Musikalien=Sammlung, welche die besten Werke der Meister des vorigen Jahrhunderts enthielt, überlassen zu wollen. Dieser Vorschlag wurde nicht sogleich angenommen; erst im Jahre 1816 wurde die Schule unter dem Titel: »Académie de musique« eröffnet.

Man fing mit Solfeggien= und Gesangsklassen an; sodann fügte man nach und nach Instrumentalklassen hinzu; Hoboe=, Horn=, Trompeten= und Cornet à pistons-Klassen wurden 1856 eröffnet; ihnen folgten 1866 eine Klasse für Harmonie, hierauf 1875 Klavier= und Orgelklassen für Männer und endlich 1878 eine Klasse für Kontrabaß. Die Schule wurde anfangs der Reihe nach von den Mitgliedern einer von dem Bürgermeister ernannten Verwaltungskommission geleitet. Ein ministerieller Erlaß entschied 1852, daß jeder Filiale des Pariser Konservatoriums ein Direktor beizugeben sei. Der Minister hatte sich die Ernennung des Direktors vorbehalten, aber die der Professoren dem Bürgermeister, unter der Genehmigung des Präfekten, überlassen. Die Professoren, welche seit 1878 ernannt sind, haben Anwartschaft auf Benefizien aus der Kasse der städtischen Pensionen. Ein Plan zur Errichtung eines neuen Konservatoriums ist gegenwärtig der Stadtbehörde, die sich lebhaft für das Gedeihen der Schule interessirt, unterbreitet.

Die Anstalt umfaßt dreißig Klassen, denen der Direktor noch eine Harfen-, eine Deklamations- und eine Klasse für Kontrapunkt und Fuge beizufügen wünscht. Unter den Instrumentalklassen befindet sich eine für Saxophone. — Augenscheinlich eine Folge der ungleichen Anzahl von Zöglingen ist die Einrichtung, daß es für die Frauen vier Vorbereitungs- und zwei höhere Klavierklassen, für die Männer nur eine giebt, die gleichzeitig für die Klavier- und die Orgellehre bestimmt ist.

Da Marseille die Obervormundschaft der Regierung abgelehnt hat, belief sich bis jetzt die Anzahl der Filialen des Pariser Konservatoriums nur auf die soeben besprochenen fünf Anstalten, welche den Städten Lyon, Toulouse, Dijon, Nantes und Lille angehören. Noch andere Schulen verdienen zu gleichem Rang erhoben zu werden; aber das ist eine finanzielle Frage. Die ganze Subvention der Regierung für die fünf Filialen betrug bis Ende des Jahres 1883 nur die geringe Summe von 22,600 Fr.

Als Beispiel einer guten städtischen Musikschule führe ich die von **Douai** an, welche 1799 von **Pierre Lecomte**, früherem Direktor der Militärmusik, gegründet wurde. Mit der Verwaltung ist ein Direktor unter der Autorität des Bürgermeisters und einer von diesem ernannten, aus drei Stadträthen zusammengesetzten Überwachungs-Kommission betraut. Diese Kommission ist mit den ökonomischen Fragen beauftragt, steht aber in keiner direkten Beziehung zum Direktor; ihre Bemerkungen hat sie dem Bürgermeister mitzutheilen.

Die Prüfung der Klassen nimmt der Direktor vor, wobei vier der Schule fremde, von dem Bürgermeister gewählte Persönlichkeiten assistiren. Zur Zeit der Prüfungen und der Konkurse liefern die Professoren einen geschriebenen und ins Einzelne eingehenden Bericht über die Fähigkeiten, die Fortschritte und das Betragen eines jeden Zöglings; hierüber hat der Direktor der Jury bei Eröffnung jeder Sitzung Mittheilung zu machen. Die Professoren sind zur Mitwirkung bei der philharmonischen Gesellschaft, der städtischen Musik und dem Theaterorchester, die für fähig erachteten Schüler zur unentgeltlichen Mitwirkung bei der philharmonischen Gesellschaft und der städtischen Musik, diejenigen, welche die Schule verlassen haben, auf drei Jahre zur Mitwirkung bei den Konzerten, welche von der Schule gegeben werden, verpflichtet.

Harmonie und Komposition, Orgel und Harfe sind in dem Unterricht nicht mitinbegriffen, dagegen aber das Saxophon und die Familie der Saxhörner: in der Oberklasse der Violine wird auch die Bratsche studirt. Eine gute Übung ist die folgende: in den Solfeggienklassen stellt der Direktor einmal im Monat die Aufgabe, eine der Theorie und der Praxis angehörende Arbeit zu liefern. Den Schülern, welche sich in dieser Arbeitsgattung am meisten hervorgethan haben, ist am Jahresschluß ein Specialpreis bewilligt.

Trotz der guten Organisation der Schule bleiben immer noch Verbesserungen zu machen. Es giebt nur eine Elementar- und eine höhere Klasse für Violine; diese Anzahl müßte man sowohl wegen der sich anmeldenden Zöglinge, als auch wegen der Nothwendigkeit, ausübende Musiker für die philharmonische Gesellschaft zu haben, verdoppeln. In der Hornklasse sollen die Schüler der Oberabtheilung gleichzeitig mit dem einfachen Horn das Ventilhorn studiren, was jedoch nicht durchgeführt werden kann, weil es an dem nothwendigen Geld gebricht, die Instrumente à pistons zu kaufen. Ebenso steht es mit der Oberabtheilung der Klasse für Cornet à pistons, wo man auch die einfache Trompete und die Trompete à pistons studiren sollte. Eine Ensembleklasse für die Zöglinge der Oberabtheilung der Instrumentalklassen wäre nothwendig. Weniger begründet erscheint mir das im Interesse der städtischen Musik gestellte Verlangen einer zweiten Klasse für Klarinette. In der normalen Organisation einer Militärmusik von vierzig Instrumenten genügen sechs Klarinetten. Ich würde vielmehr eine Harmonie- und eine Kompositionsklasse für nöthig halten.

Da im letzten Jahre der gesetzgebende Körper die den Singschulen für Chorknaben, den Maitrisen, bewilligte Subvention zurückgezogen hat, ernannte der Minister des öffentlichen Unterrichtes und der schönen Künste eine Kommission, um, da die frei gewordenen Gelder (300,000 Fr.) dem musikalischen Specialunterricht zugewiesen waren, zu bestimmen, wie dieselben am besten anzuwenden seien. Die Kommission unterwarf die Angelegenheit einer Untersuchung, deren Resultate in dem Bericht verzeichnet sind, welchen sie dem Minister einreichte und dem ich einige Details entnehme.

Es giebt fünfundsiebzig auf verschiedene Punkte des Landes vertheilte städtische Musikschulen. Bezüglich ihrer Einrichtung, ihres Budgets und der Resultate ihres Unterrichts zeigen sie untereinander wesentlich fühlbare Differenzen, die von der Eigenthümlichkeit der Bevölkerung abhängen, in deren Mitte die Schulen errichtet sind. So sind die Schüler des Südens mehr zur Kultur der Stimmen geneigt, während die des westlichen und des nördlichen Frankreichs größtentheils dem Studium der Instrumente zugewandt sind. Es giebt Schulen, deren Organisation eine große Analogie mit Filialen des Pariser Konservatoriums darbietet, aber die große Mehrzahl übersteigt nicht das Niveau der Anstalten für Elementarunterricht. Einige dieser Schulen bestehn bereits seit einer längeren Reihe von Jahren; die meisten aber sind jüngere Schöpfungen und zeugen von dem Ernste, mit welchem in Frankreich in neuerer Zeit die musikalischen Studien betrieben werden. Guter Wille ist wirklich vorhanden, ebenso haben sich die Fähigkeiten, den musikalischen Unterricht aufzunehmen, manifestirt; aber die Mittel, um aus jenem und aus diesem Nutzen zu ziehen, schlagen zu häufig fehl. Der einen Schule fehlt es an Instrumenten, der andern an musikalischen Methoden, wieder eine andere muß sich mit untüchtigen Lehrern begnügen, und eine noch andere besitzt schließlich nicht die Mittel, um einen Schüler, dem sie nichts mehr lehren kann, der aber noch viel zu lernen hat, an eine große Schule zu schicken, in der er die nothwendige Vervollständigung der Erziehung fände, um zu einem namhaften Künstler heranreifen zu können.

Die Kommission brachte in Vorschlag, die Subvention für sechzehn Maitrisen unter gewissen Bedingungen beizubehalten, die Subvention der Filialen des Pariser Konservatoriums zu erhöhen und den Rest der disponiblen Summe an die Musikschulen der folgenden Städte zu vertheilen, die von 23,700 Fr. (Caen) städtischer Subvention bis zu 1700 Fr. (Carpentras) abwärtssteigen:

Caen, St. Etienne, Roubaix, Besançon, Rennes, Douai, Le Mans, Boulogne, Nancy, Le Hâvre, Tourcoing, Valenciennes, Avignon, St. Quentin, Cette, Nimes, Amiens, Cambrai, Arras,

St. Omer, Chambéry, Perpignan, Aix, Bayonne, Tours, Orléans, Carcassonne, Oran, Digne, Nice, Aire, Valence, Carpentras; im ganzen dreiunddreißig Schulen, die von mehr als 7000 Schülern besucht werden.

Die Deputirtenkammer hat bei Berathung des Budgets für 1884 den verlangten Kredit um 100,000 Fr. verkürzt. Sie erhob keinen Einwand weder gegen die dreiunddreißig hier aufgeführten städtischen Musikschulen, noch gegen die von Niedermeyer gegründete religiöse Schule; aber nach der formellen Erklärung des Ministers des öffentlichen Unterrichtes und der schönen Künste beläuft sich die Anzahl der Maitrisen, die eine Subvention verdienen und eine solche erhalten werden, nur auf sechs; in dieser Anzahl ist die Schule Niedermeyer's auf alle Fälle mitinbegriffen.

In Folge der verminderten Subvention mußte das Ministerium auch die Anzahl der städtischen Musikschulen, denen der Staat Vorschub leisten wird, auf fünfundzwanzig Schulen beschränken. Hier folgt, ihrem aktuellen Werthe nach, ihre Liste:

ersten Ranges sind: Besançon, Rennes, Nancy, Le Hâvre, Avignon;

zweiten Ranges sind: Caen, St. Etienne, Roubaix, Donai, Boulogne, Valenciennes, Cette, Perpignan;

dritten Ranges sind: Le Mans, Nîmes, Amiens, Arras, Chambéry, Aix, Bayonne, Tours, Carcassonne, Oran, Digne, Nice.

Neuerdings sind die Schulen ersten Ranges, Besançon ausgenommen, Filialen des Pariser Konservatoriums geworden.

IV.

Die Konzerte.

Das erste berühmt gebliebene Konzertunternehmen ist das der Concerts spirituels, die während der heiligen Woche von den Jahren 1725 an bis 1791 in den Tuilerien, im Saal des Maréchaux, gegeben wurden; der erste Direktor war Anne-Danican Philidor. In einem dieser Konzerte wurde 1778 die Esdur-Symphonie Mozart's zum ersten Male aufgeführt. Dann kam das Concert des amateurs (1775), von Gossec dirigirt; dann die Société de la loge olympique (1779), für welche Haydn sechs Symphonien komponirt hat; ohne alle späteren Gesellschaften aufzuzählen, werde ich mich begnügen die eine Thatsache zu konstatiren, an welche sich die Entstehung der Gesellschaft der Konzerte des Konservatoriums anknüpft.

Die Verordnung dieser Schule führte seit dem Jahr 1800 Übungen ein, welche dazu bestimmt waren, die Zöglinge für die Ausführung aller Gattungen musikalischer Produktionen zu bilden; überdies war gesagt: „Zum Zwecke der Erhaltung der Tonkunst, ihrer Verbreitung und ihrer würdigsten Leitung versammelt sich das Konservatorium der Musik jährlich dreimal zu öffentlichen Zusammenkünften, um Werke, welche als dieses Ziel fördernd allgemein anerkannt sind, aufzuführen." Die Inspektoren des Unterrichts waren beauftragt, die Liste der Werke, welche in einem Jahr aufgeführt werden sollten, im voraus zu fertigen; die Werke lebender Komponisten waren vom Repertoire ausgeschlossen.

Das Reglement von 1808 behielt die öffentlichen Exerzitien bei, ohne deren Anzahl anzugeben; die Kosten der Aufführung sollten von einem beim Eintritt zu erhebenden Beitrage gedeckt werden. Der Überschuß sollte nach Deckung der Kosten zu einem Wohlthätigkeitswerk Verwendung finden oder dessen Gebrauch vom Minister bestimmt werden. Das Reglement von 1822 hält die Übungen in Form von Konzerten aufrecht und bestimmt, daß sie die Aufführung der Hauptwerke der Meister aller Schulen und aller Zweige der Tonkunst umfassen soll. Die Schüler, welche bei derselben nicht betheiligt wären, sollten die nöthigen Partituren und die Gesangs- und Orchesterpartien kopiren.

Im folgenden Jahr erhöhte ein Ministerialerlaß die jährlichen Übungskonzerte von sechs auf zwölf, in der Absicht „der königl. Musikschule wieder zu dem Rufe zu verhelfen, den sie unter der Bezeichnung „Konservatorium" durch die öffentlichen Übungen erlangt hatte, in welchen die Symphonien von Haydn und Mozart in würdiger Weise aufgeführt wurden, und der Gesang, die Soloinstrumente und die dramatische Deklamation zur Vollkommenheit dieser Aufführungen beitrugen. Die Zöglinge und diejenigen, welche seit 1816 die ersten Preise empfangen hatten, sollten bei der Aufführung mitwirken." Die Schüler erhielten für die Generalproben und für die Übungen eine Dreifrancs-Marke. Das Publikum wurde gegen Bezahlung zugelassen; der Preis der Plätze bewegte sich zwischen zwei und fünf Francs. Es ist anzunehmen, daß dieser Plan kaum verwirklicht wurde; denn ein Ministerialerlaß vom 15. Februar 1828 „retablirte" sechs öffentliche Konzerte im Jahr, gegeben von den ehemaligen und den neuen Zöglingen; die Professoren waren eingeladen, sich an denselben zu betheiligen. Die ehemaligen Schüler allein sollten eine Entschädigung erhalten. Dies war die Société des Concerts, deren erstes Konzert am 5. Mai 1828 stattfand.

In demselben Jahre wurden die Concerts d'émulation der Zöglinge eröffnet, welche dazu bestimmt waren, die Werke der Preisgekrönten zur Aufführung zu bringen, die Instrumentalisten an die Ensemblemusik zu gewöhnen, sowie Orchesterdirigenten zu bilden.

Die Umstände, unter welchen zum ersten Mal in Paris eine Beethoven'sche Symphonie aufgeführt wurde, sind ziemlich bekannt. Im Jahr 1826, am Tage der heiligen Cäcilie, hatte Habeneck die Künstler des Opernorchesters zum Frühstück eingeladen; ehe sie sich zu Tisch setzten, ließ er sie die »Eroica« spielen. Ähnliche Auditionen fanden in der Folge statt und erregten die allgemeine Aufmerksamkeit; Cherubini ergriff diese Gelegenheit, die Übungskonzerte seiner Schule wieder einzurichten. Der bereits oben erwähnte Ministerialerlaß von 1828 sagt ausdrücklich: „Kein dem Konservatorium fremder Künstler kann sich in den besagten Konzerten hören lassen, wie groß auch das Talent sei, das er besitzt". In der Folge nahm die »Société des Concerts«, wie sie sich noch heute nennt, allmählich eine unabhängige Stellung ein: sie wählte ihre Mitglieder unter den besten Künstlern, ohne sich darum zu bekümmern, ob sie dem Konservatorium angehörten. Heute findet man wohl noch einzelne Professoren der Schule und ehemalige Schüler in der Société thätig, aber im übrigen hat sie nichts mehr mit dieser Schule gemein, als daß sie den Direktor des Konservatoriums zu ihrem Ehrenpräsidenten hat und daß sie die Konzerte in dem an das Etablissement anstoßenden Saal giebt — einem Saal, über welchen dem Minister des öffentlichen Unterrichts und der schönen Künste freie Verfügung zusteht. Diese Unabhängigkeit war die unvermeidliche Wirkung des durchaus lobenswerthen Ehrgeizes, der dahin strebte, den ersten Platz unter den Konzertgesellschaften Frankreichs zu erkämpfen, zu erhalten und in der Welt wenige Rivalen zu zählen.

Cherubini selbst mußte die Umwandlung der Société des Concerts annehmen, aber er verzichtete nicht auf seine erste Idee;

das Reglement von 1811 verordnete, daß im Konservatorium mindestens jeden Monat lyrische und dramatische Exerzitien stattfinden sollten; überdies heißt es: „Das Konservatorium giebt jedes Jahr in den Monaten Januar bis April große öffentliche Konzerte. Das Personal dieser Konzerte bildet sich aus Professoren, aus alten und neuen Schülern des Konservatoriums. Diese Konzerte sind unabhängig von denen, welche die Professoren der Anstalt in dem Saale des Konservatoriums zu geben ermächtigt sein können." Nach dem Plane Cherubini's sollte man in den Konzerten der Schüler Instrumental- und Vokalmusik aufführen, deren Komponisten preisgekrönte und auf Kosten der Regierung zu ihrer weiteren Ausbildung nach Rom geschickte Zöglinge des Konservatoriums sind. Das ist es, was man gegenwärtig „Sendungen aus Rom" nennt; aber dies Reglement sagt nicht, daß die Konzerte sich ausschließlich auf solche beschränken sollten. Wie ich bereits aussprach, konnte Cherubini in Folge seines hohen Alters seinen Plan nicht verwirklichen.

In dem Reglement von 1850 heißt es nur: „Vom Monat November an bis zum Monat Juni sollen in dem großen Saale des Konservatoriums sechs lyrische und dramatische Übungen stattfinden." Man trug aber kein Bedenken, dieselben aufzuheben; Auber fand, daß sie zu viel Zeit wegnähmen.

Das Reglement von 1878 sagt: „Für alle Klassen sollen öffentliche Übungen stattfinden. Diese finden in jedem Jahre statt. Vier sollen der dramatischen Deklamation gewidmet sein." Diese vier sind auf dem Etatsplane stehen geblieben; für die Musik findet jährlich eine öffentliche Übung statt, die nur dazu dient, die ohnehin über jeden Zweifel erhabene Überlegenheit der Instrumental- über die Gesangsklassen darzuthun. Die Chöre, die man ausführt, verlangen wenig Proben. Man ging so weit, die Fuge der Missa solennis von Rossini singen zu lassen; was die Fugen J. S. Bach's oder Händel's anbelangt, so denkt niemand an sie. Auf alle Fälle würden dergleichen Werke eine specielle Bildung der Ausführenden verlangen; das Konservatorium beschäftigt sich nicht damit, Choristen zu bilden; denn der Terminus „Ensemble-Klasse" ist ein sehr unbestimmter.

Nachdem ich die Verbindung nachgewiesen habe, welche zwischen den »Exercices publics du Conservatoire« und dem Ursprung der »Société des Concerts« besteht, bleibt mir nur noch wenig über diese letztere zu sagen; sie ist zu bekannt, um einer besonderen Empfehlung zu bedürfen. Da sie gezwungener Weise nur ein sehr beschränktes abonnirendes Publikum besitzt, theilt sie seit einigen Jahren ihre Konzerte in zwei Serien, um eine größere Anzahl befriedigen zu können. Der Hauptbestandtheil ihres Repertoires sind die klassischen Werke; aus Rücksicht auf den Geschmack ihres Auditoriums kann sie die Werke lebender Komponisten nicht oft ausführen, was jedoch nicht sagen will, daß ihre Programme nicht manchmal Stoff zum Kritisiren böten. Ein Vorwurf, den man ihr gemacht hat, und der ziemlich charakteristisch ist, besteht darin, daß sie von großen Vokal- und Instrumentalwerken nur Fragmente aufführt, ebenso, daß die Anzahl dieser Werke eine sehr beschränkte ist. Die Hauptursache dieser Thatsache liegt darin, daß die Sänger den Instrumentalisten gleichberechtigte Mitglieder sind; nun kann es sich aber ereignen, daß die Sänger eine viel größere Zahl von Proben brauchen als die Orchestermusiker, weil die überwiegende Majorität jener weniger gute Notenleser sind als diese; es ist ein innerer Widerspruch, daß die wenigst Geschickten eine größere Anzahl von Präsenzgeldern einkassiren als die anderen. Man urtheile hieraus, was für Folgen aus der Aufführung eines Oratoriums von Bach oder von Händel entstehen würden! Wir haben gesehen, daß das Konservatorium besondere Solfeggienklassen für die Schüler der Gesangsklassen besitzt, aber — ob sie gut oder ob sie schlecht solfeggiren, das kommt gar nicht in Betracht, wenn es sich darum handelt, ihnen Preise für den Gesang, für die große oder die komische Oper zuzuerkennen.

Man sieht hier eine der zahlreichen und bedauerlichen Folgen, welche der Mangel des obligatorischen Gesangunterrichts in den Elementarschulen nach sich zieht.

Mehrere Konzertunternehmungen bildeten sich nach der Organisation der Konzertgesellschaft des Konservatoriums. Die besten Konzerte dieser Unternehmungen waren die Konzerte im Saale der heiligen Cäcilie, von Seghers dirigirt. Pasdeloup hat in den Konzerten der klassischen Musik eine neue Ära begonnen. Durch Erfahrung mit den Schwierigkeiten bekannt, welche jungen Komponisten, die ihre Werke zur Ausführung bringen wollen, entgegentreten, faßte Pasdeloup den Gedanken, mit Hilfe der Schüler der Instrumentalklassen des Konservatoriums eine Konzertgesellschaft zu gründen, welche, gleichzeitig mit klassischen Werken, die Werke junger französischer Autoren aufführen sollte. Das erste Konzert fand am 20. Februar 1851 statt. Trotz der großen Schwierigkeiten setzte Pasdeloup sein Unternehmen zehn Jahre hindurch im Saale Herz fort. Dann wagte er den dem Anscheine nach kühnen Versuch, seine Konzerte in den Cirque d'hiver zu verlegen, der mehr als dreitausend Personen faßt. Man weiß, welch ungeheuren Erfolg die populären Konzerte der klassischen Musik hatten. Seit dieser Zeit verfolgte Pasdeloup das dreifache Ziel: die Massen des Publikums mit den klassischen Werken bekannt zu machen, ihnen zu gleicher Zeit die bedeutendsten sich dieser Bezeichnung nicht erfreuenden französischen oder ausländischen Werke zu Gehör zu bringen und endlich Kompositionen junger französischer Komponisten aufzuführen, um jungen Symphonikern hiedurch eine Schule zu eröffnen. Haydn wurde von dem Publikum zunächst verstanden; an Beethoven fand man nach und nach Geschmack; Pasdeloup kam schließlich dahin, Schumann zur Annahme zu bringen. Schwerer ward es ihm mit Berlioz und R. Wagner; gegen die »Symphonie fantastique« hat heutigentags niemand mehr etwas einzuwenden, obwohl man lange Zeit hindurch nicht wagte, die ganze Symphonie zu Gehör zu bringen. Die Komponisten, welche die Gelegenheit fanden, symphonische Werke ausgeführt zu sehen, verlegten sich nun auf solche, um sich bekannt zu machen; auf diese Weise hat sich eine Symphoniker-Schule gebildet, die aber größtentheils eine zu starke Hinneigung zur beschreibenden Musik — der Tonmalerei —, die leichter als rein symphonische Musik zu setzen ist, an den Tag legt. Es ist unbestreitbar, daß man in der Jetztzeit bei den jungen Komponisten eine Gewandtheit in der Instrumentation findet, welche man vor zwanzig Jahren vergebens bei den neuauftretenden Symphonikern gesucht haben würde.

Gleich im ersten Jahre der Konzerte des Winter-Cirkus hat Pasdeloup den „Elias" von Mendelssohn zur Aufführung gebracht. Trotz der bedeutenden Kosten der Konzerte mit Orchester, Chören und Solosängern fuhr er fort, neben den großen Instrumentalwerken auch große Vokalwerke vorzuführen. Er war es auch, der zum erstenmale die Idee hatte, »La Damnation de Faust« und »La Prise de Troie« von Berlioz vollständig zur Aufführung zu bringen. Als er Direktor einer Abtheilung des städtischen „Orphéon" war, versuchte er es, dieses Institut zur Ausführung großer Vokalwerke brauchbar zu machen.

Es ist sehr wahrscheinlich, daß der Erfolg der Pasdeloup'schen Konzerte Herrn Ballande auf die Idee gebracht hat, Sonntags „dramatische Matinéen" zu organisiren, welche sogar zur selben Stunde wie die Konzerte des Wintercirkus stattfanden. Diese dramatischen Matinéen sind jetzt bei vielen Theatern ein feststehender Brauch geworden.

Im Jahre 1873 organisirte ein junger Verleger, Herrn Hartmann, Konzerte im Odéon, um von ihm verlegte Werke junger Komponisten zu Gehör zu bringen, wie z. B. Kompositionen der Herrn Massenet, Saint-Saëns, C. Franck, Lalo. Pekuniär kann das Unternehmen kein vortheilhaftes gewesen sein. Als Hartmann hierauf dasselbe aufgab, zog das Orchester, das er unter Leitung Colonne's gebildet hatte, in das Théâtre du Châtelet, um dort die Konzerte Pasdeloup's nachzuahmen. Die Aufführungen waren anfangs in Folge ungenügender Proben sehr mangelhaft. Mehrere Personen aber, die sich für das Unternehmen interessirten, suchten es, so gut als es eben möglich war, zu halten; es fristete ein kümmerliches Dasein, bis der unerwartete Erfolg der »Damnation de Faust« von Berlioz die Existenz der Gesellschaft befestigte und sie die »vogue« der Pasdeloup'schen Konzerte theilen ließ. Die »Société artistique des Concerts du Châtelet«, wie sie sich nennt, hat das Verdienst, mehrere Werke von Berlioz vollständig aufgeführt zu haben, noch ehe sie nach dem Tode des Meisters in andern Konzerten zu Gehör gebracht wurden. Diese Werke sind: »Roméo et Juliette«, »L'Enfance du Christ«, das »Requiem«. Pasdeloup und Colonne — beide wenden sich an ein Publikum verschiedener Stadttheile.

Vor drei Jahren hat Lamoureux ganz ähnliche Konzerte im Théâtre du Château-d'eau, nur einige Schritte vom Wintercirkus entfernt, eingerichtet. Derartige Rivalitäten können Vortheil mit sich bringen; sie haben aber auch einen Übelstand: daß man nämlich heutigentags das Publikum viel mehr als früher durch Solisten, Gesangs- oder Instrumentalvirtuosen anziehen muß, deren Leistungen, trotz viel zu leichten Erfolges, einem künstlerischen Werth oft sehr ferne stehen. Die Folge hievon ist, daß die Aufführungen neuer Werke von französischen Komponisten seltener als zu der Zeit sind, wo dieselben einen der hauptsächlichen Anziehungspunkte der Konzerte im Wintercirkus bildeten.

Die Concerts populaires mit Orchester haben die Bedeutung der Kammermusik-Gesellschaften beeinträchtigt. In früherer Zeit waren die Gesellschaften der Herrn Alard und Franchomme, der Herrn Armingaud und Jacquard, die insbesondere Mendelssohn'sche Werke bekannt machten, und der Herrn Maurin und Chevillard, die sich den letzten Quartetten Beethoven's widmeten, die besten. Gegenwärtig besteht nur eine Kammermusikgesellschaft von Bedeutung: die der Herrn Taffanel und Turban, unter der Mithilfe von Künstlern, die aus den besten Orchestern von Paris gewählt sind. Diese Gesellschaft bringt eine Musikgattung wieder zur Geltung, die man zu sehr vernachlässigt hatte: Kammermusik ausschließlich für Blasinstrumente. Derartige Gesellschaften giebt es gewiß nur sehr wenige, und es dürfte schwer halten eine aufzufinden, welche den Vergleich mit der Taffanel's und Turban's aushalten könnte.

Die Dilettantenvereine für Chor-Musik bieten zu viele Schwierigkeiten dar, als daß sie trotz der Dienste, die sie geleistet haben oder leisten könnten, sich lange zu erhalten im Stande wären. So waren z. B. die von Vervoitte dirigirte »Harmonie sacrée« und eine Gesellschaft, die mit vieler Mühe von Bourgault-Ducoudray ins Leben gerufen worden war. Die von Guillot de Saint-Bris dirigirte und aus Musikfreunden bestehende Gesellschaft hat hauptsächlich das Verdienst, neue, oft speciell für sie geschriebene Werke bekannt zu machen. Die erst seit einigen Jahren bestehende „Concordia" hat sich durch eine gute Aufführung der »Rédemption« von Gounod hervorgethan.

In der Provinz ist der Stand der Konzerte ein sehr verschiedener, je nach den lokalen musikalischen Hilfsquellen, die sich darbieten, und nach dem Geschmack des Publikums. Man kann sagen, daß die Konzerte mit klassischer Musik nirgends pekuniäre Erfolge erzielen; höchstens, daß sie die Kosten decken. Pasdeloup gab zehn Jahre hindurch nach dem Abschluß seiner Konzerte in Paris klassische Konzerte in der Provinz in folgenden Städten: Lille, Amiens, St. Quentin, Reims, Caen, Angers, Nantes, Tours, La Rochelle, Bordeaux. Er reiste mit dem aus dreißig Künstlern bestehenden Kern seines Orchesters, das er an den betreffenden Orten mit etwa 40 Dilettanten oder Künstlern vervollständigte. Auf diese

Die musikalische Lage und der Volksunterricht in Frankreich. 45

Weise konnte er konstatiren, was und wie viel die Dinge noch zu wünschen übrig lassen; er hat auch gesehen, daß das von den Harmonie- und Fanfaren-Vereinen angenommene System nicht günstig für die philharmonischen Vereine der Symphoniemusik ist und daß dieses System sich ebensowenig dazu eignet, die Unterschiede zwischen den verschiedenen Klassen der menschlichen Gesellschaft zu mildern. In einer der Städte zum Beispiel, welche gerade eine der besten städtischen Musikschulen besitzt, wollte Pasdeloup „Die Wüste" von Felicien David aufführen; der aristokratische Chorverein weigerte sich mit dem Arbeiterverein zu singen. Pasdeloup mußte sich mit dem letzteren begnügen, indem er noch das Orphéon einer benachbarten Stadt mit ihm vereinigte.

In **Lyon** hatte **Mangin** 1876 Konzerte organisirt, die von den Professoren und Schülern des Konservatoriums gegeben wurden — eine Nachahmung der Konzerte des Pariser Konservatoriums. Diese Konzerte hörten auf, als er Lyon verließ. Auch Aimé Gros hatte, noch ehe er der Nachfolger Mangin's wurde, vier Jahre hindurch populäre Konzerte klassischer Musik gegeben, die aber nicht fortgesetzt werden konnten, da ihr Ertrag nicht einmal die Kosten deckte.

Gegenwärtig ist in Lyon die ernste Musik nur von dem 1879 gegründeten Kammermusik-Verein vertreten. Diese Gesellschaft führt hauptsächlich Werke deutscher Musiker lediglich für Saiteninstrumente (Klavier und Streichinstrumente) oder mit Blasinstrumenten auf. In den Programmen der ersten vier Jahre fand ich nur ein einziges für Blasinstrumente gesetztes Werk: ein Trio von Beethoven für Hoboe, Englisch Horn und Fagott.

In **Marseille** existirte seit 1716 eine von dem Marschall de Villars gegründete Konzertgesellschaft, welche sowohl symphonische, als auch Vokalmusik aufführte. Im Jahre 1792 löste sie sich auf. Gegen 1805 wurden die Konzerte Thubaneau gegründet, die fast ein halbes Jahrhundert bestanden. Gleich anfangs hörte man dort die Symphonien Haydn's und Mozart's. Von 1821 bis 1827 wurden in Marseille alle Symphonien Beethoven's mit Beifall aufgeführt; bis 1839, in welchem Jahre die Konzerte Thubaneau eingestellt wurden, hörte man hier eine Menge Werke deutscher, französischer oder italienischer Meister. Im Jahre 1819 rief Millont die von ihm noch jetzt geleitete Quartettgesellschaft ins Leben. 1868 nahm der »Cercle artistique« das Werk der Konzerte Thubaneau wieder auf und 1871 gründete Momas die Gesellschaft der Concerts populaires, der Volkskonzerte. Mit Hilfe des »Cercle artistique« und unter dem Schutz hervorragender Musikfreunde ist die Existenz der Concerts populaires heute eine gesicherte. Ohne pekuniäre Erfolge zu suchen, verbreiten sie den Geschmack an Musik durch Aufführungen, die im Théâtre des Nations, das mehr als viertausend Personen faßt, stattfinden. Der Preis der Plätze ist — eine kleine Anzahl privilegirter Sitze ausgenommen — 50 Centimes bis 1 Franc 50 Centimes.

In Toulouse hat das Publikum mehr Sinn für die Vokal- als für die Instrumentalmusik.

Vor zwölf oder fünfzehn Jahren gab ein sehr gutes Orchester mehrere Jahre hindurch treffliche Konzerte mit klassischer Musik, mußte aber auf sie verzichten, weil die Gleichgültigkeit des Publikums unüberwindlich war. Eine große Oper hat für die Toulouser mehr Werth als alle Symphonien Beethoven's. Man macht eben einen neuen Versuch mit symphonischen Konzerten — wünschen wir ihm den besten Erfolg!

In **Bordeaux** ist die 1843 gegründete Société de Sainte-Cécile zugleich eine Wohlthätigkeits- und eine Konzertgesellschaft. Jedes Jahr giebt sie fünf populäre Konzerte mit Orchester und Chören; unter anderm läßt sie eine Messe und ein Stabat aufführen. Sie richtet auch Konkurse für die Komposition ein: für eine Ouverture, eine Symphonie, ein Quartett, eine Kantate, eine Messe, eine einaktige komische Oper u. s. w. Im Jahre 1852 endlich organisirte sie eine Freischule für Vokal- und Instrumentalmusik (Solfeggien, Gesang, Harmonie, Klavier, Violine, Violoncell, Hoboe und Fagott). Gegen dreihundert Schüler besuchen die Kurse.

In Bordeaux sind die musikalischen Zustände keinesfalls so, wie sie in einer so bedeutenden Stadt sein sollten; es giebt dort weder ein Konservatorium noch irgend eine städtische Anstalt für Musik. Trotzdem ist hier von einer bedeutenden Thatsache zu berichten. Im Frühjahr vorigen Jahres wurde in der Metropolitankirche das „Requiem" von Berlioz zu Gunsten einer Subskription aufgeführt, die zu einem Berlioz-Monument in Paris bestimmt ist. Die Aufführung war eine sehr gute und das Werk hatte trotz seiner Schwierigkeiten so sehr gefallen, daß noch drei Aufführungen desselben nöthig waren. Mitglieder der Cäcilien=Gesellschaft und andere Personen hatten sich an die Spitze des Unternehmens gestellt und an den guten Willen der Künstler und der Musikfreunde der Stadt appellirt. Zwei Harmoniegesellschaften, die Militärmusik, Künstler und Dilettanten, vierhundertundfünfzig an der Zahl, haben sich hilfreich betheiligt. Hieraus schließe ich, daß das, was als Ausnahme geschah, sich leichter und häufiger durch eine gute Organisation und die Verbreitung des Musikunterrichts erreichen ließe.

Als ein seltenes, der weiteren Verbreitung fähiges Beispiel verdient der im Westen Frankreichs bestehende Musikverein besondere Aufmerksamkeit. La Rochelle war bereits vor sehr langer Zeit ein musikalisches Centrum; seit 1730 existirte dort eine Musikakademie, welche Konzerte gab; 1790 bildete sich »La Société de concerts d'Amateurs«, welche viel dazu beitrug, den musikalischen Geschmack zu pflegen; 1815 endlich legten achtunddreißig Musikfreunde den Grund zur »Société philharmonique«, welche noch heute in La Rochelle besteht. Im Jahre 1816 führte dieser Verein das Stabat von Bocherini und das Requiem von Mozart auf; er war auch der erste, welcher in Frankreich mehrere klassische Werke aufführte. Er besitzt eine reichhaltige Bibliothek, sowie ein vollständiges Orchester von sechzig ausübenden Musikern. Da es noch nicht gelingen wollte, ein Konservatorium zu errichten, geben die Professoren, welche Mitglieder des Orchesters sind, in und außerhalb der Gesellschaft Unterricht. Der zweite Musikdirektor übt mit willigen Dilettanten Chöre ein, die dann bei den von dem Verein gegebenen Aufführungen gesungen werden.

Außer ihren auf ein kleines Publikum beschränkten Aufführungen hat die philharmonische Gesellschaft zu La Rochelle seit 1863 versucht, populäre Konzerte klassischer Musik nach dem Muster der Konzerte Pasdeloup zu geben. Aber sei es, daß der Plan kein guter war, oder daß das Interesse des Publikums nicht ausreichte — genug, das Unternehmen scheiterte. Vor einigen Jahren wurde es mit vollem Erfolg wieder aufgenommen.

Im Jahre 1835 hatte Beaulieu, geboren zu Paris, die Idee, die philharmonischen Vereine von Niort, von Poitiers, von

La Rochelle und von Angoulême zu vereinigen, um regelmäßige Musik=
feste, welche die Aufführung größerer klassischer Werke bezweckten, zu
veranstalten. Bei dem ersten Musikfest brachte er eine Messe von
Haydn und die Eroica von Beethoven zu Gehör.

Angoulême zog sich 1845 von der Vereinigung zurück und wurde
durch Limoges ersetzt. Die Musikfeste erlitten während der Jahre
1848 und 1849 eine Unterbrechung, 1850 aber wurden sie mit der
Aufführung der F dur-Messe von Cherubini in Poitiers wieder
eröffnet. Ein philharmonischer Verein hatte sich auch in Rochefort
gebildet und sich in die Genossenschaft aufnehmen lassen; aber er
wurde schon im Jahre 1863 aufgelöst.

In einer der Versammlungen der Société des Beaux-Arts,
die in der Sorbonne 1881 abgehalten wurden, sagte Simonneau,
der Präsident des philharmonischen Vereins, als er von den Musik=
festen der Association des Westens sprach: „Die Partien der Chöre
wurden, trotzdem die Anstrengungen der Proben mehrere Monate
hindurch währten, von Frauen, jungen Mädchen und jungen Leuten
aus der besten Gesellschaft gesungen. Diejenigen, welche die großen
musikalischen Aufführungen Deutschlands und Englands, sowie die
glückliche Organisation dieser Zusammenkünfte mit Bewunderung rüh=
men, ahnen kaum, daß die musikalische Genossenschaft des Westens
seit 1835 ein gleiches Resultat erreicht hat."

Unglücklicherweise hat diese Association in der That aufgehört
zu sein. Das letzte Musikfest fand im Jahre 1876 statt. Nach der
Ansicht Simonneau's hat das Interesse an diesen Musikfesten in
Folge des leichten Verkehrs mit Paris sehr abgenommen. Die
stetige Verminderung ihrer Einnahme ist der Grund ihrer Auflösung
gewesen. „Der Verein von La Rochelle", fügte Simonneau hinzu,
„ist immer noch im Blühen. In den westlichen Gegenden ist er
unter allen ehemaligen philharmonischen Vereinen der einzige noch
bestehende. Seine Konzerte werden immer bedeutender, der Dienste
nicht zu gedenken, die er dem Theater leistet."

Ein Dilettant=Komponist, Herr Lebourdais=Durocher, zu
Laval geboren, hat sich speciell damit beschäftigt, die Arbeiten der drei
großen philharmonischen Vereine von Mans, von Laval und von
Rennes in Schwung zu bringen. Seit beinahe dreißig Jahren
scheut er keine Mühe, die Konzerte dieser Gesellschaften so brillant

als möglich zu gestalten. Unter anderm führte er sein Personal in viele andere Städte, um dort Konzerte ernster Musik zu geben.

In Angers bestehen seit sieben Jahren populäre Konzerte, die von einer Gesellschaft gegeben werden, welche von dem Gouvernement, dem Conseil général der Maine-et-Loire und dem städtischen Rath von Angers unterstützt wird. In diesen Konzerten ist den Werken lebender französischer Komponisten ein bedeutender Platz neben den klassischen Werken angewiesen. In Boulogne-sur-mer hatte sich seit 1826 ein philharmonischer Verein gebildet, der sich 1869 auflöste. Eine neue Gesellschaft trägt heute denselben Namen in derselben Stadt.

In Lille existirt ein im Jahre 1876 gegründeter Volks-Konzertverein. Er führt Fragmente klassischer Werke auf, Ouverturen von Rossini, Auber, Halévy, Meyerbeer, Berlioz, Mendelssohn, Méhul, deßgleichen Werke von lebenden Komponisten, wie Massenet, Guiraud, Saint-Saëns, Reyer, Delibes u. A.

Am Konservatorium zu Lille werden jährlich vier öffentliche Exerzitien abgehalten, die Übung mitinbegriffen, welche mit Preisvertheilung verbunden ist. Es werden hier Werke älterer Meister, ausgeführt von den Lehrern und Zöglingen, sowie von den letzteren gesungene und gespielte Soli zu Gehör gebracht. Der gegenwärtige Direktor, Herr Lavainne, richtete 1880 Konservatorium-Konzerte mit Beiziehung der bei der Anstalt thätigen Elemente und der besten Künstler der Stadt ein, um der Schule Relief und Anregung zu geben, so wie seiner Zeit Cherubini that, als er die Société des Concerts ins Leben rief. Auf dem Programm der ersten von Lavainne organisirten Konzerte befinden sich Werke von Beethoven, Haydn, Mozart, von Gounod und Massenet, deßgleichen die Tannhäuser-Ouverture von Richard Wagner. Leider konnte Lavainne sein löbliches Beginnen wegen Feindseligkeiten, welche stärker waren als die Liebe zur Kunst, nicht fortsetzen.

Es bestehen natürlicherweise noch andere Gesellschaften, die mehr oder weniger alt sind, eine mehr oder weniger gesicherte Existenz haben, die ich aber nicht mit dem Anspruche auf Vollständigkeit aufzuzählen in der Lage bin. Aber man hat bei Gelegenheit der „Genossenschaft des Westens" erfahren, daß die von Dilettanten gesungenen Chorpartien ein mehrmonatliches Proben bedurften, — Schwierigkeiten, die fast überall als eine Folge des allgemein sehlenden und nicht von Kindheit an empfangenen musikalischen Elementarunterrichtes anzutreffen sind. Wir sahen zugleich, daß von dieser Genossenschaft nur ein einziger philharmonischer Verein übrig geblieben ist: der von La Rochelle.

V.
Das Theater.

Richard Wagner sagte in der Vorrede zur zweiten Auflage seiner Schrift „Oper und Drama", die 1869 — also achtzehn Jahre nach der ersten Auflage — erschien, daß ihm sein Buch nur Unannehmlichkeiten zugezogen und Niemand eine Belehrung darin gesucht habe. Auch die Herren Glasenapp und von Stein erklären in der Vorrede ihres Wagner-Lexikon (Stuttgart 1883), daß die ästhetisch-theoretischen Schriften R. Wagner's zu sehr vernachlässigt geblieben seien und die Kritik der Oper (I. Theil von „Oper und Drama") fast die einzige Frage sei, welche die allgemeine Aufmerksamkeit erregt habe. Wenn es in Deutschland derartig steht, so kann man in der That nicht von Frankreich weder ein ernsteres Studium der literarischen und philosophischen Werke R. Wagner's, noch eine genauere Kenntniß seiner Theorie erwarten. R. Wagner ist unschuldig an dem Guten, wie an dem Schlechten, das in Frankreich geschieht, trotz allem, was gesagt wurde oder noch gesagt werden mag.

Seit man in Frankreich viel von R. Wagner spricht, ist es Mode, auch von Musikern mit System zu sprechen; es versteht sich aber von selbst und man nimmt natürlich an, daß ein Komponist nur gut thut, wenn er kein System hat. Hier dürfte das Wort Kant's über die Leute, welche die Philosophie anschwärzen, am Platze sein, daß sie nichts anderes als schlechte Philosophie machen. — Genau besehen, hat jeder sein System, d. h. Ideen, die er sich über die Musik bildet, Principien, die er in der Praxis befolgt. Sogar die Komponisten, die sich darauf beschränken, den herrschenden Geschmack und die Gewohnheiten des Publikums zu beachten, bilden sich ein System, nach welchem sie sich in ihren Produktionen richten. Auber und Meyerbeer hatten ihre Systeme, ebenso wie Gluck und R. Wagner, ebenso wie die Operetten-Komponisten.

Hieran knüpft sich noch eine andere Beobachtung, daß nämlich ein sogenanntes System, wie die Systeme, von denen ich spreche, sich immer auf einige Principien zurückführen läßt, die gut oder schlecht, aber sehr einfach sind. Die Vorrede zur „Alceste", welche Gluck's „System" enthält, ist ein Beispiel hiefür. Selbst das System R. Wagner's ist nicht komplicirter. Was die Leser von „Oper und Drama" verwirrt oder abstößt, das sind die historischen, philosophischen, ästhetischen, politischen Betrachtungen, auf welche sich R. Wagner stützt, um die Nothwendigkeit einer Reform der Theatermusik und die Principien, nach welchen diese Reform sich vollziehen soll, zu beweisen.

Schließlich die dritte Betrachtung: In den schönen Künsten ist es nicht, wie bei den physikalischen und mathematischen Wissenschaften. Um auf diesen Gebieten Entdeckungen zu machen, genügt es, mit Sorgfalt die Thatsachen zu beobachten, die mathematischen Gesetze zu studiren und hieraus mit Scharfsinn die Konsequenzen zu ziehen. Zu was dienen in der Malerei die Gesetze der Perspektive? die Principien des Kolorits? die rechten Proportionsregeln des menschlichen Körpers ꝛc.? Doch nur dazu, um einen Künstler zu verhindern durch Unwissenheit Falsches oder Unmögliches zu machen! Zu mehr aber, als kein schlechtes Bild hervorzubringen, können sie ihm nicht verhelfen; aber von hier bis zur Schöpfung eines schönen Gemäldes, einer ausdrucksvollen und charakteristischen Scene ist es ebenso weit, als von einem geschickten Arbeiter zum genialen Menschen. Kann Gluck's Vorrede zur „Alceste" einen Musiker lehren, eine gute Oper zu schaffen? Die Antwort ist zu leicht, und es läßt sich aus ihr schließen, wozu die „Systeme" dienen.

Es existirt ein Brief von Bellini, in welchem der Autor der „Sonnambule" und der „Norma" Principien ableitet, welche mit denen Gluck's nahezu identisch sind. Das System jedoch, nach dem er seine Musik geschrieben, ist dem System Gluck's diametral entgegengesetzt. Übrigens hat Gluck manche Inkonsequenz begangen, und manchmal mit Absicht. R. Wagner erklärt selbst, nachdem er in den theoretischen Schriften die Revolution, die sich in seinen Ideen vollzogen, erörtert hat, daß er in seinem „Tristan und Isolde" und in dem „Ring des Nibelungen" über sein eigenes System hinausgegangen und mit voller künstlerischer Freiheit komponirt habe. Weniger noch als in der Malerei kann ein System in der

Musik von Nutzen sein; es kann dem Künstler gewissermaßen als Geländer dienen, welches ihn unterstützt, diese oder jene Bahn zu verfolgen. Dieselbe kann gut, sie kann auch schlecht sein: der Erfolg hängt von dem Talent oder von dem Genie des Künstlers ab; nichts verhindert ihn, hinter die Schule zu gehen, wenn es ihm gefällt. Gewiß: es ist nicht gleichgültig, diesem oder jenem System zu folgen oder, was auf eins herauskommt, diesen oder jenen Weg zu gehen. Läßt man sich von Auber leiten, so wird man eine ganz andere Musik schreiben, als wenn man Gluck als Meister wählt; eine noch andere, wenn man „Lohengrin" folgt, und abermals eine andere, wenn man die Principien, auf denen „Tristan und Isolde" beruht, adoptirt. Man fange es an, wie man will, so wird man ein System, d. h. eine gewisse Art haben, die Musik, ihre Rolle im Theater und den Zweck, den man mit ihr verfolgt, zu betrachten; und dieses System läßt sich immer auf einige allgemeine Principien zurückführen.

Ist dieser Punkt festgesetzt, dann wird es ein leichtes sein, die gegenwärtige Lage der Theatermusik zu charakterisiren, indem man das von den Komponisten verfolgte System — denn System ist immer dabei — definirt. »Tout passe, tout casse, tout lasse«, sagt das Sprichwort. Dieses gilt auch von der Theatermusik in ihrer Beziehung zum Publikum; denn es ist noch keineswegs gesagt, daß die von ihm vernachlässigten Werke darum weniger gelten, noch daß die von ihm in die Mode gebrachten darum hervorragend seien. Es dürfte sogar das Gegentheil wahr sein. Gluck's Schule sollte ihrerseits diese Erfahrung machen, nachdem sie während eines halben Jahrhunderts die Pariser Oper beherrscht hatte: die zwei letzten bedeutenden Werke derselben waren „Olympia" von Spontini (1819) und „Stratonice" von Méhul (1821); Cherubini hatte nach den „Abenceragen" (1813) nichts mehr gegeben. Rossini's „Die Belagerung von Korinth", ein Arrangement des „Mahomet II.", erschien 1826; „Moses", ein anderes Arrangement, wurde im folgenden Jahr gegeben; von 1828 an behauptete sich die neue französische Schule auf das glanzvollste mit der „Stummen von Portici" von Auber; „Graf Ory", ebenfalls ein Arrangement, wurde in demselben Jahre aufgeführt; dann folgten „Wilhelm Tell" (1829), „Der Gott und die Bajadere" (1830), „Der Liebestrank" und „Robert der Teufel" (1831). Eine sehr charakteristische Thatsache ist, daß Auber, welcher die Oper

bereits mit drei Werken beschenkt hatte (einen mit Boieldieu gemein=
schaftlich gearbeiteten Akt rechne ich nicht mit), sich beeilte denselben die
Opern: „Der Schwur" (1832) und „Gustav III." (1833) hinzuzufügen,
aber von Halévy („Die Jüdin" 1835) und Meyerbeer („Die
Hugenotten" 1836) entschieden überholt wurde. Cherubini machte
einen letzten unglücklichen Versuch mit einem langweiligen Gedicht
„Ali=Baba oder die vierzig Räuber" (1833).

Unverkennbar ist Rossini's Einfluß namentlich auf die beiden
Häupter der Bewegung, auf Auber und Meyerbeer, die ihm
beide unterlagen, selbst ehe „Wilhelm Tell" erschienen war. Von da
an wurde die musikalische Tragödie Gluck's vernachlässigt; die
antiken Stoffe kamen in Mißkredit; man verlangte mannigfaltigere
und so viel als möglich weniger düstere Operntexte. „Guido und
Ginevra" von Halévy reüssirte nicht, weil das Gedicht trotz der glück=
lichen Endung und der Verkürzungen zu schwarz gezeichnet war.

Es handelte sich in der Musik nicht mehr darum, die Deklama=
tion, d. h. die Prosodie und den oratorischen oder leidenschaftlichen
Accent zu respektiren; diese konnten ihre Rechnung in den Recita=
tiven und anderen Passagen finden, bei denen die musikalische De=
klamation gangbar war; sie konnten sie selbst in der Melodie finden,
falls der Komponist instinktiv getrieben sie beobachtete, wie z. B.
in der Gnadenarie in „Robert der Teufel" und in gewissen Par=
tien des „Wilhelm Tell". Aber das Wesentliche war, Effekt durch
die Melodie an sich zu machen, eine Melodie, die unabhängig von
den Worten ist und, wenn von ihnen losgelöst, durchaus nichts ver=
liert: die „absolute Melodie", wie man auf Wagnerisch sagt. Für
die Prosodie war das desto schlimmer; weder Auber noch Meyer=
beer noch Halévy haben sich Skrupel daraus gemacht, sie mit
Füßen zu treten. Die Melodie sollte einen Ausdruck oder einen
Charakter besitzen, welcher zu der theatralischen Situation paßte; aber
bei dergleichen Fällen ereignet es sich fast unumgänglich, daß diese
Übereinstimmung oft fehlt; der Komponist kann sich Illusionen machen
und deßgleichen noch viel leichter das Publikum. Bei den mehrstim=
migen Stücken sollte der Effekt aus dem vokalen und instrumentalen
Ensemble resultiren, wenig lag daran, daß die Musik den Gefühlen
der verschiedenen Personen nicht entsprach. Es giebt sogar Fälle,
wo sie keiner einzigen entspricht, ohne darum weniger Effekt hervor=
zubringen.

Auch hielt man zu Gunsten des musikalischen Effektes an gewissen Formen fest, ohne sich darum zu sorgen, ob diese Formen auch mit der dramatischen Situation und dem Gang der Handlung im Einklang standen. Der gesangliche Effekt war die vornehmste Bedingung des Erfolges, wobei die Virtuosität ihre Rechnung finden mußte; so ereignete es sich, daß man in einer und derselben Oper dem Sopran eine dramatische Rolle und eine Rolle für die Koloratur, übergab. Die „Jüdin" und die „Hugenotten" können als Beispiele dienen. In der „Stummen" fängt Elvira mit einer Bravour=Arie an; in „Robert der Teufel" kann sich Alice nicht enthalten zu zeigen, daß sie nicht schlecht vokalisirt, ohne damit Isabellen Konkurrenz machen zu wollen. In „Wilhelm Tell" ist Mathilde viel mehr eine reizende Puppe als eine dramatische Person.

Das System, dessen Hauptzüge ich eben zu skizziren versuchte, regiert noch heutigentags; nur hat man, soweit es thunlich war, ohne die Gewohnheiten und den Geschmack des Publikums offen zu verletzen, den zu auffallenden Unsinn daraus beseitigt. Der Mißbrauch mit den Verzierungen hat wenigstens in einer Wahnsinnsscene, wie z. B. in „Hamlet", einige Entschuldigung. Man ist auch enthaltsamer gegenüber gewissen melodischen banal gewordenen Wendungen; deßgleichen verzichtet man auf konventionelle Formen, die keinen Vorschub mehr bieten. Massenet und Saint=Saëns haben sogar angefangen, einen Akt in Scenen einzutheilen, wo man aber leicht die Deklamations= und die melodischen Partien, die sich sondern lassen, unterscheiden kann. Noch ein drittes Musikgenre könnte ich hinzufügen, das in der Schule der absoluten Melodie (man gestatte mir diesen Ausdruck seiner Genauigkeit und Kürze wegen) in großer Gunst steht. Ich meine die Passagen, bei welchen die Melodie im instrumentalen Theil liegt, und die Gesangspartie kaum mehr als eine Füllstimme ohne Melodie und ohne Deklamation ist. Die genannten Modifikationen bestätigen unzweifelhaft einen Fortschritt, aber sie heben nicht die Grundlage des Systems auf.

Auch muß ausgesprochen werden, daß man keineswegs Wagner's bedurfte, um gewissen Stücken eine freiere, mehr in Übereinstimmung mit der dramatischen Aktion stehende Form zu geben. Beispiele hiefür sind schon in den Werken Gluck's und seiner Schule zu finden. Mozart hat davon ein bewundernswerthes Modell in dem von Don Juan, dem Comthur und Leporello gesungenen Terzett des letzten Aktes des „Don Juan" gegeben. C. M. v. Weber hat sich ebenfalls oft einer ziemlich freien Form zugewandt.

Die absolute Melodie hält in der zeitgenössischen großen französischen Oper ihre Rechte nicht weniger aufrecht. Saint-Saëns hat in Wahrheit von Wagner jenes Verfahren entlehnt, welches darin besteht, die Instrumentalbegleitung größtentheils aus kurzen Motiven oder einfachen melodischen und harmonischen Zeichnungen zu bilden, die häufig wiederkehren, je nachdem die theatralische Situation oder die gesungenen Worte den Anlaß oder Vorwand dazu bieten (die sogenannten Leitmotive). Wagner hat dieses Verfahren nicht erfunden; aber er macht einen viel umfangreicheren und konsequenteren Gebrauch davon, als es vor ihm geschah. Diese Behandlung ist mit den Werken seiner dritten Art innig verbunden; auch kann sie diejenigen interessiren, die sich einem minutiösen Studium der Partituren „Etienne Marcel" und „Henry VIII." von Saint-Saëns hingeben. Der Masse der Zuhörer entgeht sie und — was die Hauptsache ist — sie ändert nichts an der Grundlage des Systems, d. h. an der Gesangs-Melodie und am Zuschnitt der Stücke, nach welchem diese Werke geschrieben sind. Auch kann man von Saint-Saëns alles andere eher behaupten, als daß er in das Lager Wagner's übergegangen sei; er würde gegen jede Anschuldigung des Wagnerianismus laut protestiren — und er hätte Recht, wie jeder andere französische Opernkomponist. Um der Schule Wagner's wirklich anzugehören, wenn eine solche überhaupt existirt, bedarf es anderer Dinge, als bei dem Meister einiges von seiner Orchesterbehandlung zu entlehnen.

Auch ist es nur gerecht auszusprechen, daß die Komponisten, selbst mit dem besten Willen, nicht frei sind. Erstlich müssen sie mit dem Geschmack und den Gewohnheiten des Publikums, für das sie schreiben, rechnen. Es wäre eine Kühnheit ohne allen Nutzen, sich aus freiem Antrieb einem Mißgeschick auszusetzen. Sodann haben die Librettisten ihre Ideen; sie nehmen irgend ein Sujet, arrangiren es gut oder schlecht und glauben genug gethan zu haben, wenn sie eine hinreichende Anzahl dramatischer Scenen und Vorwände für die Musik nach traditionellem Recept hineingelegt haben. Wahrlich, sie sind es nicht, die sich mit dem Fortschritt beschäftigen! Dann kommt der Theaterdirektor, der seine eigenen Ansichten haben kann, denen man sich seinem Wunsche gemäß anpassen soll, — was ich nicht auf Vaucorbeil münze. Endlich kennt man den Despotismus des Sängers, dessen Einfluß doppelt verhängnisvoll ist. Mit sehr seltenen Ausnahmen spricht er die Worte schlecht aus und ist zufrieden mit stimmlichen Effekten. Der Komponist ist gezwungen Rücksicht hierauf zu nehmen und, in Folge dessen die Deklamation bald wie eine untergeordnete, bald wie eine unnütze Sache zu behandeln. Sodann gehen die Sänger vor allem nur ihren persönlichen Effekten nach; sie verlangen oder erzwingen Änderungen, Auslassungen, Hinzufügungen. Kein französischer Opernkomponist kann sich ihren Anforderungen entziehen. Selbst Meyerbeer konnte es nie. Gounod hat ebenfalls viele Koncessionen machen müssen, die immer zu bedauern sind. Man hat mir versichert, daß in „Françoise de Rimini" nichts außer dem Prolog und dem letzten Akt unberührt geblieben sei. Zwei Sänger fanden ihre Rollen nicht lang, nicht bedeutend genug. Man mußte sie ohne wirklichen Grund verlängern, so daß eine rein episodische Rolle eine maßlose, das Ganze des Werkes schädigende Ausdehnung erhielt. A. Thomas ist zu intelligent, um die Mängel der Oper, wie ich sie definirte, nicht zu sehen; er hat gute Miene zum bösen Spiele gemacht; Gounod dagegen hat sich entmuthigen lassen. Sein „Faust", obgleich er die Folgen der Entstellung an sich trägt, welche der von Goethe entlehnte Stoff von Seiten der Librettisten erfahren hat, kündigte trotzdem einen Komponisten an, der eine neue Bahn betritt. Wagner machte ihm den Vorwurf zu allen Mitteln gegriffen zu haben, was ebensoviel bedeuten will, als daß er, selbst vom Standpunkt Wagner's aus, auch manche gute, wenn nicht ausschließlich gute, angewandt habe. Sind es die Hindernisse, die Gounod entmuthigt haben? oder ist es die absurde Manier, mit der man gegenwärtig die Anschuldigung des Wagnerianismus verbreitet, während doch — was ich wiederholt ausspreche — kein französischer Komponist nur daran denkt, sie zu verdienen? Immerhin hat Gounod in dem „Tribut de Zamora" einen Schritt zur Schule Donizetti's und Bellini's gemacht; dann fand er nichts Besseres als mit einigen Retouchen sein Erstlingswerk „Sappho" wieder aufzunehmen, das 1851 zum ersten Male gegeben worden war. Indessen hat er in der „Rédemption" bewiesen, daß seine schöpferische Fähigkeit nicht verbraucht ist; aber das Oratorium und die Kirchenmusik bieten ihm zur Zeit mehr Reiz und Freiheit als die Oper.

Schließlich ist noch die Seltenheit der neuen großen Opern in Erwägung zu ziehen. Das Theater, welches speciell die Bestimmung hat, sie aufzuführen, hat nur die Verpflichtung, eine im Jahr aus= zustatten; zudem hat der gegenwärtige Direktor die Erlaubnis, ein übersetztes Werk, wie „Aida", oder eine Wiederholung mit Veränder= ungen, wie der „Sappho", als neu zu rechnen. Das soll nur aus= nahmsweise stattfinden; aber die Ausnahmen zählen und der Theil der neuen Werke ist um so viel geschmälert. Es ist dies die Folge der zu bedeutenden Kosten, welche heutzutage die Inscenirung und die übertriebenen Gagen der Sänger selbst zweiten und dritten Ranges verursachen.

Demungeachtet und trotz der Vorsicht, mit welcher junge Meister, wie Massenet und Saint=Saëns, vorgehen müssen, ist eine — wenn man will — schüchterne, aber unbestreitbare Tendenz zum Fortschritt vorhanden. Reyer hat mit „Sigurd" die nämliche Bahn betreten. Gluck schrieb seine Meisterwerke erst, nachdem er seinen eigenen Weg eingeschlagen hatte; hätte Meyerbeer sich darauf be= schränkt, Rossini nachzuahmen, so wäre er heutigentags vergessen. Es handelt sich keineswegs darum, die Meister der Vergangenheit gering zu achten; aber man muß ihnen nicht in ihren Mängeln gleichen. Sie waren es, die sich von Gluck abwandten; wir unsrer= seits haben das Recht, uns von dem Mißbrauch der konventionellen Formen im Rhythmus, in der Melodie, im Bau der Stücke abzu= wenden, uns abzuwenden von den Frivolitäten und allem Flitter, abzuwenden von dem Mißbrauch der absoluten Melodie, die im Drama nur zu oft zur Unwahrheit führt.

Meine Schlußfolgerung ist, daß den jungen französischen Kom= ponisten weder das Talent und die Intelligenz, noch der gute Willen fehlt. Haben wir Geduld.

Mag es unserer Eigenliebe Überwindung kosten oder nicht: wir müssen zugestehen, daß wir uns abwechselnd dem Einfluß Deutsch= lands und Italiens beugen mußten. Um nicht über die letzten hundertunddreißig Jahre zurückzugehen, so ist es wohl bekannt, daß die italienischen Intermezzi in Folge des „Kampfes der Buffo= nisten" in der französischen Musik eine Bewegung hervorgerufen haben, der man die ehemalige, zur Zeit aber zu sehr vernachlässigte komische Oper verdankt, die ihre Berühmtheit durch Duni, Grétry,

Philidor, Monsigny, Dalayrac erlangte, denen sich auch bis zu einem gewissen Grade Nicolo und Boieldieu anreihten. Der italienische Einfluß äußerte sich andererseits durch die Rivalen, welche man von Italien holte, um Gluck Opposition zu machen. Das Talent und der Erfolg, mit welchem Männer wie Salieri, Sacchini, Cherubini, Spontini (absichtlich erwähne ich nicht Piccini) den Weg Gluck's betreten haben, spricht zu Gunsten des dramatischen Genies Italiens; nichts desto weniger ist die Annahme gerechtfertigt, daß die meisten Piccinisten die italienische Musik in gleicher Weise liebten, wie heutigentags viele Leute Mozart's Musik lieben: einzig und allein des melodischen Reizes wegen. Grimm wenigstens sprach sich sehr offen aus, als er sagte: „daß das erste in der Oper zu suchende Vergnügen das der Ohren und der Augen sei, nicht aber jene Rührung, jene ununterbrochene Erregung, welche nur die Tragödie in uns hervorrufen kann." Darum liebte Napoleon I. die Musik Paësiello's, „weil sie ihn nicht hinderte, an andere Dinge zu denken", wie ihm Cherubini eines Tages sagte, der einen viel zu freien Ton anschlug, um in seinen Gunsten stehen zu können.

Der Einfluß des Geschmackes à la Grimm fuhr fort sich bemerklich zu machen. Boieldieu, der mit dem »Nouveau Seigneur de village« der alten Schule angehört, entwickelt in der „Weißen Dame" und in anderen Werken eine Feinheit und einen exquisiten komischen Reiz neben Bravour- und anderen Passagen, welche nur den Zweck verfolgen, das Ohr des Auditoriums zu kitzeln. Seine großen und echten Eigenschaften hat man zu sehr vergessen, weil man ihn wegen weniger ernster Verdienste zu sehr geliebt hat.

Die vollständige Umgestaltung verdankte man noch dem Einfluß Rossini's. In Wahrheit konnte man im „Barbier" und in anderen Buffo-Opern komische Effekte ersten Ranges finden; aber das war nicht der Punkt, auf den sich die Aufmerksamkeit lenkte. Die von verve und Geist funkelnden Rossini'schen Melodien waren ein Lichtstrahl für Auber, der bis dahin bescheiden auf den Pfaden Nicolo's und Boieldieu's gewandelt war. Er verlegte sich darauf, Rossini nachzuahmen, und fand auf diese Weise einen Weg, auf dem er seine persönlichen Eigenschaften entfalten konnte. Einer seiner Biographen erzählt, daß, wenn er eine Melodie gefunden hatte, er sie zur Probe auf einem alten Klavier spielte, ohne den Worten die geringste Rechnung zu tragen. Wenn das wahr ist, so liegt nichts darin, was zum Verwundern wäre. Es handelte sich ganz und gar nicht darum, zu einer Theater-Situation wohl oder übel passende Melodien zu setzen: es genügte — war die Situation nicht eine allzu traurige —, daß sie heiter und verführerisch waren. Von dem Momente an, als der melodische Reiz das Hauptziel bildete, erschienen die Tanzweisen in Menge; ja man betete sogar zum lieben Gott und seinen Heiligen in Quadrillen-Weisen; ich kann Beispiele hiefür citiren.

Vernünftige Kritiker wiesen umsonst darauf hin, daß eine komische Oper jetzt nur ein Repertoire für Tanzweisen sei; nichts nützte — das Publikum war entzückt, ja derartig hingerissen, daß Hérold und Adolphe Adam denselben Weg einschlagen mußten, trotzdem beide, der eine in der Empfindung, der andere im scenischen Talente, Auber überlegen waren. Massé folgte seinerseits nicht ohne Reserve und ohne so systematisch die Rechte des Textes nach Seite des Ausdrucks, wie nach Seite der Deklamation zu vernachlässigen. A. Thomas zollte auch Auber seinen Tribut, unterschied sich aber von ihm durch Wärme des Gefühls, durch Feinheit und poetischen Reiz, wie z. B. in Scenen des »Songe d'une nuit d'été« und der „Mignon"; diesen Eigenschaften verdankt sogar seine letzte komische Oper ihre Lebenskraft! Kurz, da die ganze Welt sich auf die Bahn stürzte, die er eröffnet hatte, könnte Auber auf dem Gebiet der komischen Oper mit allem Recht das Oberhaupt der französischen Schule genannt werden.

Hier ist der Moment einige Worte über den Platz zu sagen, welchen die Operette einnimmt. Sobald es einmal gestattet war, Tanzweisen zur Grundlage einer Oper zu machen, war nichts leichter als das, wer könnte nicht Tanzweisen schaffen? Offenbach hat die Operette nicht erfunden, aber er hat sie unzweifelhaft in Aufnahme gebracht. Anfangs waren es kleinere einaktige, einfach komische oder bis zur Extravaganz possenhafte Stücke. Sodann kamen dreiaktige Arbeiten, deren erste „Orpheus in der Unterwelt" war. Dann, als die Theater freigegeben wurden, standen der Operette mehrere Theater zur Verfügung; dann eines Tages reüssirte mit Eclat der Versuch, sich der komischen Oper zu nähern in der »Fille de Madame Angot«. Von dieser Zeit an nennen sich die Operetten gern „komische Opern"; in diesem Augenblick beschäftigen sie in Paris vier

Theater und haben nicht weniger Erfolg in der Provinz und im Ausland, wo Offenbach, wie in Paris, Schüler und Rivalen gefunden hat.

So blühend diese Musikgattung auch ist, hat sie doch eine Form angenommen, von welcher sie sich nicht entfernt. Die Stücke sind gewöhnlich komisch mit mehr oder weniger burlesken Elementen. Die Musik derselben besteht natürlich aus einfacheren Formen als die der komischen Oper, um so mehr, da sie für Künstler bestimmt ist, die zum großen Theil keine Musik- oder Gesangsstudien gemacht haben. Die chansons und Tanzweisen dominiren; hüpfende Weisen bringen in Buffoscenen einen heitern Effekt hervor; auch ist es Regel, die Gefühle nicht zu ernst zu nehmen, um jede Anmaßung grand opéra zu sein zu vermeiden — eine Anmaßung, welche die komische Oper nicht genug vermeidet; aber, im Grunde genommen, herrscht ein und dasselbe System in der Operette, wie in der komischen Oper.

Ohne Zweifel ist zur Zeit die komische Oper mit Tanzweisen weniger verschwenderisch als in den Tagen Auber's. Die großen Bravourarien sind ebenfalls nicht allzuhäufig inscenirt, ohne jedoch ganz geächtet zu sein; aber das System ist im Grund immer dasselbe. Ausnahmsweise kann man Passagen oder Stücken begegnen, bei denen das scenische Gefühl den Komponisten instinktiv hingerissen hat, die Fundamentalprincipien der alten Schule zu beachten; nichts desto weniger herrscht aber doch die absolute Melodie mit allen ihren Reizen für das Publikum, ihren Vortheilen für die Sänger und ihren Mängeln vom ästhetischen Gesichtspunkt aus. Die Ursachen dieses Standes der Dinge sind theilweise dieselben, wie bei der Oper; auf das über die Sänger und das Publikum Gesagte werde ich nicht wieder zurückkommen. — Die Anzahl der neuen Werke ist eine viel beschränktere als früher. Nach dem Wortlaut seines Bedingungs-Verzeichnisses soll Carvalho jährlich zehn Akte neuer Werke bringen; gehen wir jedoch bis 1877 zurück, so finden wir in sieben Jahren alles in allem vierundfünfzig Akte, was nicht einmal durchschnittlich acht Akte für das Jahr ausmacht. Bei dieser Zahl habe ich noch die kleinen Werke mitgerechnet, die beim Konkurs Crescent preisgekrönt wurden und für die Carvalho eine specielle Entschädigung erhielt (vier Akte); dann zwei verfehlte große Opern: „Cinq-Mars" von Gounod und „Jean de Nivelle" von

Delibes (sieben Akte); endlich die „Contes d'Hoffmann", eine Phantasie Offenbach's, welche etwas von allem enthält und einen ephemeren Erfolg hatte (vier Akte).

Zuweilen wählen die Librettodichter Sujets, die dem Publikum sehr wenig Interessantes bieten, wie zum Beispiel »La Taverne des trabans«, deren sehr einfache Intrigue zu drei Akten ausgesponnen ist; oder Sujets, in denen komische und tragische Scenen derartig vermischt sind, daß sie den Komponisten mit in ihren Fall verwickeln; Beispiel: »Galante aventure«, Musik von Guiraud. In „Lakmé", Musik von Delibes, konnte diese, wenn auch wenig verhüllte Vermischung weder das Interesse an dem Gegenstand, noch den Erfolg der Partitur hindern.

Das Sujet zu „Manon", dem Roman des berühmten Abbé Prévost entlehnt, gehört ebenfalls nicht zu den bestgewähltesten. Massenet hat jedoch hier die musikalische Form mit einer Freiheit behandelt, die, ohne übertrieben zu sein, in der Opéra-Comique eine ziemlich kühne Neuerung ist. Er adoptirte auch die Anwendung der typischen Motive nach dem Beispiele von Saint-Saëns.

Die mehr oder weniger erkünstelte Beliebtheit amerikanischer Sängerinnen, die schlecht französisch sprechen und in künstlerischer Hinsicht viel zu wünschen übrig lassen, trägt nicht dazu bei, die Komponisten zu veranlassen Musik zu schreiben, welche nicht der Worte entbehren kann.

Die mit dem Rom-Preis gekrönten Komponisten sollen in dem Jahre nach dem Aufhören ihrer Pension bevorzugt werden; wenn der Direktor ein Werk zurückweist, soll eine Kommission es prüfen. Diese beiden Klauseln des Verzeichnisses der dem Unternehmer auferlegten Bedingungen sind niemals, so wenig wie die Bedingung wenigstens drei neue einaktige Stücke im Jahre zu geben, eingehalten worden. Der Direktor handelt dabei nach seinem Belieben.

Eine andere Klage der Komponisten kann ich nicht mit Stillschweigen übergehen. Alle Welt weiß, daß Carvalho, nachdem er kleine Rollen an der Opéra-Comique gegeben hatte, Direktor des Théâtre Lyrique, dann Direktor des Vaudeville-Theaters wurde und dann, nachdem er eine Stellung bei der Administration der Oper bekleidet hatte, wieder als Direktor zur Opéra-Comique zurückkehrte. Nach diesem allem hat er eine langjährige Bühnenerfahrung und natürlich auch seine bestimmten Ideen; die Komponisten beklagen sich über die Änderungen, die er sie an ihren Partituren zu machen zwingt, und über die von ihm gezeigte Furcht vor jedem Neuerungsversuch. Auch zugegeben, daß diese Klagen übertrieben sind, muß man doch einräumen, daß sie in den neueren Werken keine Widerlegung finden. Carvalho scheint eine Ausnahme gegenüber „Manon" gemacht zu haben — unter allen Fällen die einzige.

Für die Autorisation, das Theater während des Sommers zwei Monate zu schließen, soll Carvalho alle Monate eine Vorstellung zu ermäßigten Preisen und eine Frei=Vorstellung am Nationalfest (14. Juli) geben. Man hat konstatirt, daß bei den Vorstellungen zu ermäßigten Preisen das Publikum fast dasselbe ist, wie bei den gewöhnlichen Vorstellungen. Demnach ist man versucht dem Sprichwort Recht zu geben, nach welchem sich jeder amüsirt, wie er eben kann. Doch ist noch nichts damit erreicht, wenn ihm das Vergnügen billiger geboten wird.

Ist die künstlerische Situation der Opéra-Comique nicht derartig, wie man es wünschen muß, so ist die finanzielle Situation eine um so befriedigendere; doch muß man nicht vergessen, daß Carvalho gegenüber seinen Vorgängern zwei Vortheile voraus hat: eine Vermehrung von 60,000 Francs auf die Subvention seitens des Staates, die sich im Ganzen auf 300,000 Francs beläuft, und die freie Benutzung des Saales, der durch das Erlöschen eines Pachtkontraktes Eigenthum des Staates geworden war.

Da die Opéra und die Opéra-Comique sich zu sehr auf das ihnen von der Vergangenheit überlieferte Repertoire verließen, wurde die Wiedereröffnung des Théâtre Lyrique dringender als je.

Von der Geschichte dieses Theaters habe ich nichts zu berichten: weder sein Mißgeschick und Unglück zu erzählen, noch den Grund desselben zu untersuchen. Nachdem es sein Dasein auf dem Boulevard du Temple im Jahre 1847 begonnen hatte, siedelte es 1863 auf den Place du Châtelet über, welchen es 1870 verlassen mußte. Vorübergehend tauchte es im Saal Ventadour auf und installirte sich alsdann 1876 im Saal de la Gaîté; zwei Jahre darauf kehrte es zurück in den Saal Ventadour; dann machte es im Saal der Gaîté einen letzten Versuch und wurde am 9. März 1880 definitiv geschlossen.

Die musikalische Lage und der Volksunterricht in Frankreich. 63

Unter den Schwierigkeiten, welche die Wiedereröffnung des Theaters verzögerten, ist ein Mißgriff, den man gemacht hat, zu erwähnen. Hätte man sich darauf beschränkt, von einer Opéra populaire, einem Volks-Opernhaus, als von einem Theater zu sprechen, das eine ziemlich ansehnliche Zahl billiger Plätze hat, so wäre nichts einfacher gewesen: denn von diesem Gesichtspunkt aus war das Théâtre Lyrique stets ein Volks-Opernhaus, ein Volkstheater. Aber vor neun Jahren sprach man plötzlich davon, ein Theater, welches bis gegen 20,000 Personen fassen könne, zu dem Zweck zu erbauen: die Volksmasse mit den von der Opéra und Opéra-Comique ausgeführten Meisterwerken bekannt zu machen. Es handelte sich nur um das Finden der Kapitalien, die indessen beharrlich ihre Dienste verweigerten. Es unterliegt keinem Zweifel, daß, wenn ein Theater — und wäre es nur für zweitausend Personen — für einen niedrigen Preis eine passable Aufführung (mehr müßte man nicht verlangen) der besten in der Opéra und Opéra-Comique gespielten Werke herstellen könnte, es aller Wahrscheinlichkeit nach und, ohne einer Subvention zu bedürfen, reüssiren würde. Hiezu aber wäre nöthig, daß die Direktoren dieser beiden Theater darein willigten, daß das ihnen gehörende Repertoire Gemeingut werde; sodann wäre nöthig, daß die Autoren oder ihre Interessenten dieselbe Einwilligung gäben, was sicher die Direktoren und oft auch die Autoren verweigern würden. Und außerdem: ist es etwa ein sicheres und wirksames Mittel, die musikalische Erziehung eines Volkes oder der Bevölkerung einer Stadt mit der großen Oper zu beginnen und sie zu einem Zeitvertreib der Armen zu machen, wie sie der Zeitvertreib und nichts weiter als der Zeitvertreib der Reichen ist? Man müßte noch vorher wissen, ob auch der Arme die große Oper oder die komische Oper, ja selbst die Operette einem Schauspiel, einem Vaudeville, — wer weiß?! — vielleicht den Kaffee-Konzerten vorzöge? Noch einmal: Jeder amüsirt sich, wie er kann; auf welche Art, das ist, wie man gemeinhin sagt, Geschmackssache.

Diese chimärenhaften Ideen, die auf jeden Fall nur fromme Wünsche bleiben werden, fanden auch im Municipalrathe von Paris Eingang. Als er im Jahre 1878 seitens der Regierung ersucht wurde, zur Wiederherstellung des Théâtre-Lyrique seine Hilfe zu gewähren, stellte derselbe die Bedingung mit auf, daß der Direktor des städtischen Volks-Opernhauses über das Repertoire der beiden anderen subventionirten Theater der Musik disponiren könne. Später begnügte er sich dieselbe Forderung in der Form eines einfachen Wunsches auszusprechen; von da an wurde es möglich, sich zu verständigen. Endlich votirte der Municipalrath im August 1881 nach vielen Diskussionen eine jährliche Subvention von 300,000 Frs. für eine Opéra populaire oder ein Théâtre Lyrique, welches zugleich den Interessen der Komponisten und denen des Publikums diene. Die Zahl der neuen Werke, die jährlich gegeben werden sollten, wurde auf zwanzig Akte festgesetzt, was vielleicht viel ist; der Saal sollte wenigstens 2000 Plätze enthalten.

Nun hatte man noch zur Ausführung des Projektes zu schreiten und unter den Kandidaten eine Wahl für die Direktion des neuen Theaters zu treffen. Endlich — versuchsweise für die ersten sechs Monate des Jahres 1884 — wurde auch die Subvention Herrn de Lagrené bewilligt, der während des letzten Sommers einen schon mehrmals mit bald mehr, bald weniger Erfolg gemachten Versuch, Opernvorstellungen im Theater des Château d'eau zu geben, wiederholte. Leider mußte sich auch Herr de Lagrené schon Anfangs April zurückziehen, ohne Erhebliches geleistet zu haben.

Ich wende mich nun mit nur einigen Worten zu dem Théâtre Italien, welches hier von wenig Interesse ist. Die schöne Zeit dieses Theaters war, als die Werke Rossini's, Donizetti's, Bellini's Mode waren und von Künstlern ersten Ranges — wohl den letzten der echten und schönen italienischen Schule — gesungen wurden. Selbst wenn man nichts Dramatisches in der aufgeführten Musik fand, war es ein Vergnügen, Sänger zu hören, wie man sie kaum auf französischen Bühnen hörte, und wie man sie seit ziemlich langer Zeit nicht mehr hört. Aber alles ändert sich: die Musik von Verdi führte die Sänger dahin, dramatische Effekte bis zur Gewaltsamkeit und Übertreibung zu suchen; das Skalasingen und die Reinheit der Methode wurden mehr und mehr vernachlässigt; die italienischen Künstler wurden zum großen Theil durch Künstler aus allen Ländern ersetzt. Die Umgestaltung wurde derartig, daß eine gute Interpretation der Buffo-Opern zu den Unmöglichkeiten gehörte. Die „Heimliche Ehe" von Cimarosa verschwand zuerst: selbst der „Barbier" von Rossini wurde mittelmäßig gegeben; den unentbehrlichen bassi buffi fehlte es an Verve und komischer Feinheit; die

Affenliebe des Publikums für eine übermäßig gefeierte und bekannte Sängerin trug nur dazu bei, den Verfall zu beschleunigen; endlich mußte das Theater seine Bestimmung wechseln — der Saal Ventadour diente zur Errichtung eines Bankhauses.

Gegen Ende des letzten Novembers — 1883 — fand im Saal des Nations, wo sich das Théâtre Lyrique vor seinem Brand im Jahre 1871 befunden hatte, die Eröffnung eines neuen italienischen Theaters statt. Der artistische Direktor ist Maurel, ein Künstler, der sich vor wenigen Jahren an der Opéra Anerkennung erworben hat; die Sänger italienischen Ursprungs sind in der Minorität; das Personal ist übrigens zufriedenstellend. Der hauptsächlichste Nutzen des Theaters dürfte darin bestehen, dem Publikum unbekannte Werke vorzuführen. Seine Eröffnung beging es mit „Simon Boccanegra", einer sehr achtungswerthen Partitur, die aber nicht, wie andere Opern Verdi's, die Menge begeistern wird. Später gab man „Hérodiade" von Massenet.

Der im Juni 1883 verfaßte Bericht über Konservatorien und die städtischen Schulen konstatirt, daß die Filialen des Pariser Konservatoriums auf verschiedenen Stufen jedes Resultat erzielen, das von ihrer gegenwärtigen Situation erwartet werden kann, daß sie aber unzulänglich zur Ausbildung des nöthigen Personals sind, um „dem beklagenswerthen Zustand der lyrischen Theater" in den Gegenden, wo sie installirt sind, abhelfen zu können.

Man kennt in der That die prekäre Situation der Provinz-Theater: alle haben nur einen rein lokalen Werth. „Etienne Marcel" von Saint-Saëns wurde in Lyon gegeben, aber mit einer Subvention von 20,000 Francs, die das Ministerium der schönen Künste bezahlt hat. Das war eine einzige Ausnahme. Neue Werke, die in der Provinz zum ersten Mal aufgeführt werden, finden kaum eine über die Stadt, in der sie aufgeführt wurden, hinausgehende Verbreitung. „Pétrarque" von Hippolyt Duprat hatte in Marseille einen gewissen Erfolg, fiel aber in Paris durch, wie es vorauszusehen war. Die Provinztheater leben allgemein von dem Repertoire, das ihnen Paris liefert.

Ein talentvoller Komponist, A. Rostand aus Marseille, spricht sich in einem Band Kritiken über die musikalische Lage in den Departements folgendermaßen aus: „An dem Tage, an dem in

der Provinz gut ausgestattete Theater, versehen mit allen Hilfs=
mitteln, ein interessantes, reichhaltiges, wirklich künstlerisches Pro=
gramm besitzen und, in Folge dessen vom Publikum besucht und von
den Kennern geschätzt, dazu gebracht würden, zwei unedirte Werke
im Jahre vorzuführen, würde die Aufmerksamkeit des Landes für
sie erwachen und allen französischen Komponisten würde es am Her=
zen liegen, sich dort zu produciren. Für die in Paris wohnenden
Autoren, die oft Jahre lang warten, ehe etwas von ihnen aufgeführt
wird — selbst unter den berühmtesten von ihnen sind solche —,
würde das ein unverhoffter Ausweg sein. Den Künstlern in der
Provinz, deren entmuthigtes Talent abstirbt, würde daraus die Mög=
lichkeit erwachsen, bekannt zu werden und wenn sie Erfolg haben,
die Gewißheit, daß dieser die Grenzen der Stadt, in welcher er er=
rungen wurde, überschreiten werde. Die Beachtung der einen würde
zur Beachtung der andern verhelfen."

Es ist ein schöner Traum, aber bis jetzt ist es eben nur ein
Traum. Gewiß ist, daß die Pariser Komponisten es vorziehen ihre
Werke, wenn es ihnen möglich ist, nach Brüssel oder in entferntere
fremde Städte zu bringen, lieber als sie in der Provinz ohne großen
Nutzen aufs Spiel zu setzen.

VI.
Die Militärmusik.

Ich habe hier nur von der Militärmusik in ihrer Beziehung
zur populären Musik und zu den Civil=Orchestern zu sprechen.

Vor vierzig Jahren war die untergeordnete Stellung unserer
Militärmusiken unbestreitbar und unbestritten. Bis zum Jahr 1845
hingen sie fast nur von dem gnädigen Willen der Obersten der Re=
gimenter ab. Diese untergeordnete Stellung, zu gleicher Zeit aber
auch die neuen Vervollkommnungen und Erfindungen von A. Sax
veranlaßten die Regierung eine Kommission zu ernennen, um die
einzuführenden Reformen zu berathen. G. Kastner hat in seinem
»Manuel de musique militaire« im Detail die Arbeiten der Kom=
mission, deren berichterstattender Sekretär er war, erzählt. Man
setzte eine vorschriftsmäßige Organisation für die ganze Musik des

Heeres fest. In Folge der politischen Ereignisse ließ man diese Organisation 1848 wieder fallen. Die kaiserliche Regierung beschäftigte sich ernstlich mit der Reorganisation der Militärmusik-Kapellen und setzte einen vorschriftsmäßigen Plan fest, der ein vollkommenes Muster geblieben ist. Zugleich theilte man die Musiker in vier Klassen mit verschieden hoher Besoldung, je nach den Fortschritten, die sie machten. Im Jahr 1860 reducirte man die Zahl der Musiker; nur drei der Musikkorps behielten die Anzahl von 60 Instrumenten; alle anderen Infanterie-Regimenter hatten vierzig, eine genügende Zahl; die Fanfaren der Kavallerie wurden von siebenunddreißig auf siebenundzwanzig Musiker reducirt. Später zog man aus militärischen Gründen, deren Nichtigkeit die Ereignisse von 1870 und 1871 bewiesen haben, die Musik der Kavallerie ein; selbst die Musik der Infanterie war gefährdet.

Im Jahre 1872 reorganisirte die republikanische Regierung die Musik, die durch den Krieg gelitten hatte. Die Infanterie, das Genieкorps und die Pontoniere hatten Musiker nach dem Muster von 1860; die Kavallerie blieb derselben beraubt, aber jeder Artillerieschule gab man Musik. Die republikanische Garde behielt ein Musikkorps von sechzig Instrumenten. Unglücklicherweise unterdrückte man die Vierklassen-Eintheilung der Musiker, ebenso wie den Unterricht, den man den Militärmusikern früher im Konservatorium gab. Das Militär-Gymnasium — dazu bestimmt, Musiker für das Heer auszubilden — war unter dem Kaiserreich aufgehoben worden, weil es seiner Bestimmung schlecht entsprach; es ward durch militärische Klassen am Konservatorium ersetzt. Diese Klassen wurden nach 1870 nicht wieder eingerichtet. Da die Dauer des militärischen Dienstes zu gleicher Zeit verkürzt wurde, fehlt es den Musikern an der früheren Aufmunterung; die Mehrzahl ist genöthigt das Notenlesen zugleich mit der Behandlung eines Instrumentes zu erlernen; fangen sie an geschickt zu werden, so verlassen sie die Armee. Die Prüfungen, welche alljährlich im Konservatorium für das Amt eines ersten oder zweiten Militär-Musikmeisters stattfinden, sind im allgemeinen nicht sehr glänzend. Das Repertoire dieser Musiker läßt ebenfalls viel zu wünschen übrig und ihre Kompositionen haben selten Werth; Arrangements von Opern- und sogar Operettenarien sind vorherrschend, so wenig sie auch oft am Platze sind.

Die Militärmusik ist einestheils von Wichtigkeit für das Heer, anderntheils sind die Musiker während ihrer militärischen Dienstzeit und nach derselben von Nutzen für die Civil-Orchester; aber man sieht, daß die Lage nach beiden Seiten hin keine sehr günstige ist.

VII.
Schluß.

Der Herzog von Albany protestirt in der Rede, der ich am Anfang meines ersten Kapitels eine Stelle entnahm, gegen die ziemlich verbreitete Meinung, daß die Engländer keine musikalische Nation seien. Er beweist durch die Geschichte, daß sie es ehedem wohl waren, und daß sie auch heute noch, wenn sie wollen, mit den sie falsch beurtheilenden Nationen Schritt zu halten vermögen. Der Herzog von Albany gesteht indessen zu, daß eine der Ursachen des Miß-kredits der Engländer vom musikalischen Gesichtspunkt aus die sei, daß man sich bei ihnen zu sehr zu dem Glauben hinneige: ein Dichter, ein Staatsmann, ein Theologe oder ein großer Arzt solle von der Musik nicht nur nichts verstehen, sondern er solle sie auch zurückweisen als der Aufmerksamkeit eines ernsten Mannes unwürdig, als jeder Bedeutung bar, als eine rein amüsante, höchstens dem Tanze gleichzustellende Kuriosität, die man Damen und frivolen Leuten überlassen müsse.

Bei uns begegnet man nicht allzuselten ähnlichen Ansichten, während es weder den Italienern noch den Deutschen einfällt, der Musik Übles nachzureden; denn mit Recht erachten sie dieselbe als etwas worauf sie stolz sein dürfen. Ich will nicht von irgend einem Dichter oder Literaten sprechen, der die Musik „das theuerste aller Geräusche" nennt oder den Franzosen ein tiefes musikalisches Gefühl abspricht. Auch einen gewissen Akademiker will ich nicht herzählen, der einen Band „Gegen die Musik" schrieb, noch einen Minister Louis Philippe's, der dem um eine Unterstützung für die Bibliothek des Konservatoriums bittenden Bottée de Toulmon antwortete: „Mein Herr, ich kenne nur zwei Arten der Künste: nützliche Künste und unnütze Künste; die Musik rechne ich zu den unnützen." Aber wir haben gesehen, welche Schwierigkeiten die Musik hatte, um Aufnahme in dem Gesetz über den Elementarunterricht zu finden, wie sie daselbst nur dem Namen nach figurirte, wie sie daraus verschwand, wie sie schließlich, aber erst in der jüngsten Zeit, wieder einen Platz in demselben einnahm, und mit welcher Sparsamkeit man den Elementarlehrern die musikalische Bildung zumessen will. Eine halbe Stunde Gesang Donnerstags und Sonntags; eben so viel für das Klavier oder das Harmonium — das ist Alles! Die Übungszeit soll von der Erholungszeit weggenommen werden; und da die Anzahl der zu Gebote stehenden Instrumente nothwendigerweise eine ziemlich beschränkte sein wird, kann man sich vorstellen, wie die Zöglinge sich werden üben können. Man will nur Lehrer für Gesangsübungen und Solfeggien, und sehr mittelmäßige Begleiter bilden. Es ist wahr, man läßt uns hoffen, daß, wenn erst der musikalische Unterricht ein allgemein verbreiteter sein wird — das heißt in ziemlich langer Zeit — auch für die Zöglinge der Normalschulen mehr gethan werden wird. Warum nicht sogleich damit anfangen? Ich erzählte bereits, was sich früher im Elsaß vollzog und was sich heutigentags in Deutschland vollzieht. Wenn drei Jahre nicht ausreichen, um einen guten Lehrer zu bilden, so nehme man vier; in Deutschland nimmt man deren fünf!

Die von der Regierung im Jahre 1882 ernannte Kommission protestirte gegen die unwürdige Bezeichnung „gesellige Kunst", »art d'agrément«, mit welcher man die Musik geschändet habe; sie wollte unter anderm „die Musik allen hervorragenden Ereignissen des nationalen und lokalen Lebens der Vergangenheit oder der Gegenwart im weitesten Umfang — so zu sagen — beigesellen, mit ihnen verknüpfen, um solchergestalt ihre Rolle und ihren Charakter des öffentlichen Nutzens gut zum Verständnis zu bringen." Hat sie wohl ernstlich daran gedacht?

Herr Dupaigne, Inspektor des Elementarunterrichts im Seine-Departement, sagte in seinem Bericht: „Die Künstler sind nicht Lehrer genug, die Lehrer sind nicht Künstler genug. Der Unterricht ist überall da von Erfolg begleitet, wo sich ein wirklich musikalischer Lehrer befindet oder ein Künstler mit weiten und großen Ideen, der mit den Eigenschaften eines Professors eine ernste, klassische Bildung verbindet und die schwierige Kunst versteht, sich hörbar und verständlich zu machen, ebenso wie Respekt und Gehorsam zu erlangen."

Herr Dupaigne entwirft ein ziemlich wahres Bild von dem Verruf, in welchem die Musik in Frankreich unter dem Namen »art d'agrément« steht: „In den meisten Lyceen für junge Leute, sowie in den Pensionen für junge Mädchen beschränkt sich der Musikunterricht, der fast immer Einzelunterricht ist, auf die banale und ungeschickte Nachahmung der Virtuosität der Künstler von Profession, auf ein seichtes Salon=Amüsement.... In der Erziehung nach der Mode giebt es keine andere Gesangsmusik als die der Opern. Es ist wahr, in unserm Zeitalter läßt sich noch von vielen anderen Gesichtspunkten aus diese schädliche Überwucherung der Opernmusik bemerken. Schon seit langer Zeit hat sich die Meinung festgesetzt, daß es außer der **dramatischen** Musik keine schöne Musik gebe. Dieser exklusiven Ansicht kann man bis hinauf in die officiellen Regionen des Budget und des „Instituts" begegnen. Die einzige bis zum Jahre 1877 der Tonkunst bewilligte Subvention war die Subvention der großen Theater", wobei ich noch hinzufüge: und des Konservatoriums, das beauftragt war, Künstler für die Theater zu bilden. „Um statutengemäß", sagt Dupaigne weiter, „zum Mitglied der Académie des beaux-arts erwählt zu werden, muß man Opern komponirt haben."

Die Theatermusik hat selbst die Militärmusiken überschwemmt. Man nehme nur vom Repertoire dieser Musiken die Arrangements der Opernmelodien und die Tanzstücke hinweg: dann wird man sehen, ob viele Stücke übrig bleiben, die wirklich einen militärischen Charakter tragen. Bei der großen Mehrheit der Journale sind die Berichte über die Theaterstücke ebenfalls das Wesentliche; man hält sich viel weniger an die Konzerte und gar nicht an die musikalische Literatur. Die Berichte sind meistens chronikenartig aufgefaßt und verfolgen den einzigen Zweck, die Leser so schnell als möglich über die Unterhaltung zu unterrichten, welche ihnen die Opern und Operetten bieten können, deren Wichtigkeit sich in dem Verhältnis steigert, als sie selten gegeben werden. Die Journale, die sich an die unteren Volksklassen wenden, sind gerade diejenigen, welche aus der Musik am wenigsten machen. Diese Thatsache ist ziemlich charakteristisch.

Oftmals behandelt man die vokalen oder instrumentalen Volks=Vereine mit einer gewissen Verachtung. Das kommt von dem System der Konkurse, von den Gewohnheiten, welche dieses System bei den Konkurrenten erzeugt, sodann von der Schwäche der meisten Vereine. Diese Schwäche fällt unter andern den Direktoren zur Last, deren Bildung als Musiker unzureichend ist, und die theilweise aus der Armee hervorgehen. Hier wäre die Aufgabe des Lehrers vollkommen vorgezeichnet, mit der Bedingung, daß die Vereine eine ernstere Richtung einschlagen, und daß die Konkurse mit Medaillen vollständig aufhören.

Ich wende mich nochmals zu dem Bericht der Kommission von 1882. Da heißt es: „Um die Musik auszuüben, bedarf es einer wesentlichen Bedingung, d. i. Musiker zu sein. Wenn die benachbarten Nationen, hauptsächlich die protestantischen Nationen, alle dieser großen Kunst innewohnenden Theile entwickeln konnten, so kommt es daher, daß das gemeinschaftliche Singen der Psalmen, das Ritual des Kultus, bei ihnen — so zu sagen — ein musikalischer, chorischer Brauch war, der bei uns nicht existirt, und durch nichts ersetzt werden könnte. Diese Lücke ist um so bedauerlicher, da die Musik ihrem Wesen nach die wirklich volksthümliche Kunst in der edelsten Bedeutung dieses Wortes ist." Alle Welt stimmt im Grund dieser Ansicht bei, aber man will nicht, daß die Elementarlehrer gute Musiker und Organisten seien.

Wenn erst Jedermann von Kindheit an Singen und Notenlesen gelernt haben wird, dann werden hieraus sowohl für die allgemeine Erziehung, als auch für die Bildung von Chören und Orchestern jeder Bestimmung, von populären oder philharmonischen Vereinen, von Konzerten, Musikfesten, Theatern, Militärmusiken, beträchtliche und leicht nachzuweisende Vortheile erwachsen. Bis dahin wird der musikalische Unterricht hauptsächlich in den Konservatorien und den städtischen Schulen ertheilt, die fast alle einer Verbesserung bedürfen. Die Summe von 222,600 Fr., über die das Ministerium seit 1884 jährlich verfügt, wird zweifelsohne eine gute Verwendung finden, aber sie wird nicht genügen, denn sie soll auf vierundvierzig Institute (neun Filialen des Konservatoriums zu Paris, neunundzwanzig städtische Schulen und sechs Dom-Knabenchöre [Maîtrisen]) vertheilt werden, was im Durchschnitt 5000 Fr. für jede Schule ausmacht. Es ist überflüssig zu erwähnen, daß später alle diese Anstalten aus dem obligatorischen Musikunterricht, der in den Elementarschulen gegeben wird, Nutzen ziehen werden.

Die Theater werden das Vergnügen einer kleinen Anzahl bleiben, die in ihnen kaum etwas anderes sieht als ein Amüsement, ein Konzert mit Dekorationen und Kostümen oder ein heiteres und anziehendes Stück mit angenehmen Musikweisen. Auf die unangenehme Situation, in welcher sich die Komponisten gegenüber diesen Theatern befinden, habe ich nicht zurückzukommen und über die Ballette brauche ich — Gott sei Dank! — nicht zu sprechen.

Die Bildung einer Schule französischer Symphoniker, die man den Pasdeloup=Konzerten verdankt, ist, obgleich die Komponisten nur zu oft den leichtesten Pfad, den der Programm=Musik nach dem Vorgange von Berlioz wählen, gewiß ein Fortschritt. Es ist sogar dahin gekommen, daß Meister, wie Gounoy und Lalo, Gefahr laufen als Zurückgebliebene betrachtet zu werden, weil sie den strengen und klassischen Grundsätzen der rein symphonischen Musik treu geblieben sind. Aber alles das kann sich durch die Ausbreitung des musikalischen Unterrichts bemerklich ändern.

Es erübrigt uns nur noch die Hoffnung auszusprechen, daß die Regierung auf dem Wege fortfahren möge, den sie, wenn auch schüch= tern, betreten hat, sowie den Wunsch, daß ihr hiebei die kräftige Unterstützung des hohen Rathes des Elementarunterrichts zu Theil werde, indem er alte Vorurtheile gegen die musikalische Kunst aufgiebt.